Deus cuida de mim

Kleber Lucas

Deus cuida de mim

Planeta

Copyright © Kleber Lucas, 2024
Copyright © Editora Planeta do Brasil, 2024
Todos os direitos reservados.

Preparação: Wélida Muniz
Revisão: Fernanda Guerriero Antunes
Projeto gráfico e diagramação: Gisele Baptista de Oliveira
Capa: Fabio Oliveira

As citações bíblicas foram retiradas da Bíblia Sagrada,
Nova Almeida Revista e Corrigida, ARC © 2009 Sociedade
Bíblica do Brasil. Todos os direitos reservados.

DADOS INTERNACIONAIS DE CATALOGAÇÃO NA PUBLICAÇÃO (CIP)
ANGÉLICA ILACQUA CRB-8/7057

Lucas, Kleber
  Deus cuida de mim / Kleber Lucas. –- São Paulo :
Planeta do Brasil, 2024.
  224 p.

  ISBN 978-85-422-2713-0

  1. Lucas, Kleber – Vida cristã 2. Literatura cristã - Inspiracional I. Título

24-1956   CDD 248.4

Índice para catálogo sistemático:
1. Vida cristã

MISTO
Papel | Apoiando o manejo
florestal responsável
FSC FSC® C005648

Ao escolher este livro, você está apoiando o
manejo responsável das florestas do mundo

2024
Todos os direitos desta edição reservados à
Editora Planeta do Brasil Ltda.
Rua Bela Cintra 986, 4º andar – Consolação
São Paulo – SP – 01415-002
www.planetadelivros.com.br
faleconosco@editoraplaneta.com.br

*Dedico este trabalho ao meu pai,
Antônio Costa (in memoriam), e a minha avó,
Josina Arruda Lucas (in memoriam).
Dedico também aos meus filhos, Raphael e
Michelle, para onde o rio da nossa história corre.*

Sumário

Prefácio, **9**

Me apaixonei pela pessoa que me tornei, **25**

Meu desejo de coexistência, **31**

Conhecendo Deus, **45**

Meu pai e o sagrado, **53**

A Lua de São Jorge e as velas sempre acesas, **59**

Uma força que nos alerta, **69**

Natal, **85**

O crescimento do meu mundo, **97**

Minha conversão ao cristianismo, **109**

Casos de famílias, **129**

Crescendo no processo, **139**

Minha família, **157**

MK, **167**

Recomeçando, **175**

Parte de cultura evangélica, **205**

Mudanças, **215**

Prefácio

> *"Eu sou quem descreve minha própria história, e não quem é descrita. Escrever, portanto, emerge como um ato político [...] enquanto escrevo, eu me torno a narradora e a escritora da minha própria realidade, a autora e a autoridade na minha própria história. Nesse sentido, eu me torno a oposição absoluta do que o projeto colonial predeterminou".*[1]

A epígrafe acima representa o meu sentimento diante da escrita com que o Kleber Lucas nos presenteia. Escrever é um ato político e uma forma

---

1 KILOMBA, G. **Memórias da plantação**: episódios de racismo cotidiano. Rio de Janeiro: Cobogó, 2019. p. 28.

de impedirmos que o outro nos escreva e nos coloque na condição de objetos. As palavras faladas e escritas nos rodeiam, desenham quem nós somos e quem também não somos. Em África, a palavra tem poder! Uma pessoa é aquilo que ela fala e escreve sobre si.

O saber que herdamos dos nossos mais velhos, que por sua vez herdaram de nossos ancestrais, passado de boca em boca, de ouvido em ouvido, transforma-se em prática pedagógica. Assim, somos ensinados, desde muito cedo, a compartilhar as nossas experiências dentro da nossa comunidade.

Quantas palavras faladas e escritas cabem sobre aqueles e aquelas que ousam ser e existir para além do que socialmente somos qualificados e construídos. Natural de São Gonçalo, Kleber Lucas Costa desafiou as estatísticas racistas e preconceituosas que objetificam e coisificam os corpos negros favelados e periféricos. Desafios esses que fazem parte da sua história e da sua trajetória como pastor, professor doutorando, pesquisador, pai, filho e amigo.

Aqui, quero, de forma afetuosa, chamá-lo de irmão. Irmão de lutas, desafios, conquistas e fé. Sim, mesmo vivendo experiências religiosas diferentes, tenho em Kleber Lucas um irmão de fé. Uma fé unida em prol da tolerância da equidade, diversidade e luta antirracismo. Uma fé que ultrapassa barreiras, nos ressignifica e nos fortalece cotidianamente.

Assim, escrever sobre si, tal como Kleber Lucas se propõe (ou nos deixar conhecê-lo através de seus olhos e suas palavras), é um meio de existir e resistir diante de todas as formas de preconceito e intolerância que ainda nos cercam e nos colocam como subalternos e objetos da História. Vejo e compreendo a escrita de si como uma forma de rejeitar uma narrativa única sobre nós mesmos. Deste modo, acredito que quando o meu irmão escreve sobre si, torna-se sujeito de sua própria história.

Diante de tudo que nos presenteia com suas memórias, confesso que não é uma tarefa fácil escrever um prefácio, principalmente quando estamos diante de um livro tal como o que o pastor Kleber Lucas está nos entregando. É preciso ter coragem para rever ao outro/a, com suas palavras, o que somos e como realmente somos. É necessário ter coragem para transcrever nossas memórias e ficarmos despidos de nós mesmos diante da realidade.

O pastor, o professor, o pai, o filho e o irmão deixam, assim, as construções e rótulos sociais para o Kleber Lucas Costa, que passa a nos revelar, através de suas memórias, que ele é o sujeito de sua própria história. Suas palavras escritas nos aproximam e exprimem as realidades vividas e por ele experimentadas, seja na dor, seja na ressignificação ou na compreensão de si, reinventando e tornando-se (de) novo em sujeito.

Rio de Janeiro, 2023.

PROF. DR. BABALAWÔ IVANIR DOS SANTOS
Professor e orientador do Programa de Pós-graduação em História Comparada da UFRJ, interlocutor da Comissão de Combate à Intolerância Religiosa (CCIR), fundador do Centro de Articulação de Populações Marginalizadas (CEAP)

É necessário ter coragem para transcrever nossas memórias e ficarmos despidos de nós mesmos diante da realidade.

PROF. DR. BABALAWÔ
IVANIR DOS SANTOS

Kleber Lucas é uma referência de fé encarnada, engajada e disponível ao amor, ao diálogo e à construção de pontes de comunhão com a diversidade. É um artista competente, brilhante, de raro talento e sensibilidade estética para o som e a palavra. Harmonia, melodia, ritmo e palavra se unem e encontram lugar privilegiado em sua vida e obra.

Ele é uma entidade já histórica da igreja cristã brasileira. A quem honra, honra. Suas canções atravessam gerações e embalam a espiritualidade de milhões de pessoas pelo Brasil e pelo mundo, e eu sou uma delas. Há uma canção, uma palavra, um refrão do Kleber para cada momento especial da minha vida. Em cada uma das *Quatro Estações*, ele está sempre presente: como trilha sonora, poesia e profecia a empoderar minha jornada de fé.

Como homem negro, ciente do seu lugar e da sua influência na cultura popular brasileira, Kleber Lucas não se acovardou: assumiu responsabilidades, correu riscos, tomou posições corajosas em razão do seu amor radical ao próximo e do seu compromisso com o evangelho libertador de Jesus. Por meio de sua prática pastoral, teológica e artística tem enfrentado o racismo estrutural, sem se deixar silenciar;

sabendo que o silêncio, diante da violência racial e da intolerância religiosa, o faria cúmplice do mal e da maldade que avilta a vida, o corpo, a memória e a dignidade dos brasileiros.

Sua arte, seu texto e sua pesquisa científica denunciam o racismo, inclusive (ou principalmente) em sua dimensão religiosa, teológica e espiritual; aquela modalidade de racismo que é produzida nos púlpitos, nos hinários, nos cânticos, dentro das próprias igrejas e das instituições culturais e teológicas evangélicas.

A voz de Kleber Lucas, além dos impactos na estética e na arte, tem operado uma autêntica decolonização do pensamento e da experiência comunitária das igrejas brasileiras. Uma voz que provoca e convida novas vozes. Uma voz que rege um coral *negro-espiritual antirracista* a cantar um novo cântico, a melodia da libertação e da liberdade.

Portanto, além de artisticamente admirável, Kleber é um artista engajado com as transformações do mundo, um homem de fé, comprometido com o povo e com os desafios que afetam a vida do povo em todas as suas dimensões. Ler este livro, tenho certeza, será uma experiência, ao mesmo tempo, esteticamente sublime e espiritualmente profética.

PR. HENRIQUE VIEIRA
Pastor da Igreja Batista do Caminho
Deputado Federal pelo PSOL/RJ

Tive o prazer de conhecer o Kleber Lucas em 2017, quando ele ainda se encontrava bastante fragilizado perante os ataques sofridos por parte de grupos cristãos intolerantes que se alimentam de ódio e bestialidade. Na ocasião, lembrei-me de pronto de João 8:15: "Vós julgais segundo a carne, eu a ninguém julgo". Claro que essas pessoas estúpidas escolheram ignorar essa passagem, muito embora se arvorem os senhores da ética e moral cristã.

Recebi o Kleber Lucas de abraços abertos e o ouvi atentamente. Ao longo daquele ano de 2017, começamos a construir um projeto de pesquisa que viabilizasse o seu ingresso no Programa de Pós-graduação em História Comparada (PPGHC), do Instituto de História, da Universidade Federal do Rio de Janeiro. No início do ano seguinte, ele já havia sido aprovado e era formalmente mestrando do PPGHC. De lá para cá, sob a minha orientação, ele concluiu, em 2020, a sua pesquisa de mestrado e agora está cursando o doutorado.

Foi um pulo deixar de ser apenas o orientador de suas pesquisas de pós-graduação para nos tornarmos amigos; aliás, diga-se de passagem, ele é um dos meus melhores amigos. Foi com muita alegria que fiquei sabendo deste seu livro.

Para quem já viveu muito, como é o caso dele, não é uma tarefa fácil, muito menos simples, selecionar algumas lembranças, acontecimentos e histórias, especialmente quando se considera que a memória lembra, esquece e interpola fatos; quando se considera que o ato de selecionar é inserir lembranças, mas é deixar de fora outras tantas que também são extraordinárias.

O público leitor vai se surpreender positivamente com muitas das histórias trazidas pelo Kleber Lucas, especialmente daquelas que o formaram, que o ensinaram a ser esse homem digno, esse pai amado pelos seus dois filhos, esse exímio pesquisador, esse amigo, cujo coração não mede esforços em trabalhar em prol daqueles que mais necessitam de carinho e atenção.

A sua trajetória de vida lhe ensinou a amar quem o acolheu nos tempos mais sombrios, quando a fome o rondava de perto; a olhar o diferente com respeito, carinho e afeto; a ser um vencedor diante de tantos obstáculos que lhe foram colocados ao longo do caminho.

Tenho certeza de que o leitor, ao ler este livro, descobrirá os motivos que levaram (e infelizmente ainda levam) aqueles grupos de cristãos intolerantes a destilarem seu ódio contra o Kleber Lucas: eles detestam quem tem luz própria; odeiam quem não é gado; têm horror de quem é independente; não suportam quem ama o outro, o diferente de si.

Kleber, amigo querido, parabéns por mais este livro. Todo sucesso do mundo. Que seu amor continue a transformar vidas ao seu redor.

Um abraço fraterno,

ANDRÉ LEONARDO CHEVITARESE
*Professor titular do Instituto
de História da UFRJ*

Este relato biográfico é um brado épico de resistência. Por um lado, é a narrativa de um menino negro diante de duas linhas de enfrentamentos e conflitos: o desafio social de fazer a transição da ancestralidade escrava à vida urbana na favela e o desafio cultural de migrar da raiz-matriz africana à evangelização. Por outro lado, é a mais comovente história de como salvaguardar e preservar a alma, mantendo-a gentil e esperançosa.

Kleber Lucas faz um belíssimo e arrebatador autorretrato no qual esbanja na escrita a mesma autenticidade e singeleza presente em seu canto. Uma viagem emocionante e dramática para encontrar caminhos, driblando a perdição de introjetar as expectativas que lhe caberiam como negro e brasileiro pobre. Para além do músico e do pastor, transparece o espírito que permite ao leitor reencontrar o próprio humano em seu posto mais nobre. Um texto verdadeiramente majestoso em humildade e exuberante em simplicidade.

NILTON BONDER
Rabino

Busquei nos livros, nos itans de ifá e nos versículos bíblicos uma citação para iniciar a minha apresentação sobre o autor. Pesquisei palavras, frases, trechos para bailar sobre o papel e transmitir meus sentimentos diante da responsabilidade que é apresentar o "dono" das palavras grafadas neste livro. Mas, sendo eu uma mulher preta, suburbana, iniciada para o culto de ifá, mãe e professora, quero aqui construir a minha própria citação sobre o autor:

*"Filho da dona Maria Madalena Lucas e
do senhor Antônio Costa (Seu Totó)".*

Kleber Lucas Costa é o seu nome. Filho de uma mulher preta que carrega em si "Marias" e "Madalenas". Sua trajetória pessoal e sua carreira como sacerdote, músico, instrumentista, intelectual e acadêmico entrelaçam-se nas lutas que levantou e vem levantando em prol das populações subalternizadas. Seja no púlpito, seja no palco ou nos espaços acadêmicos, o pastor Kleber Lucas escolheu ser o sujeito de sua própria história e ir além dos rótulos sociais, religiosos e políticos que objetificam o seu corpo. Sim, o corpo de uma pessoa negra. Corpo de homem, filho de um homem preto, o senhor Antônio, o saudoso e eterno Seu Totó. Os atravessamentos vividos e sofridos por Kleber Lucas, que aprendi e gosto de chamar de irmão, não foram maiores ou menores comparados às experiências de violência sociais que outros tantos homens negros vivem cotidianamente.

Mesmo sendo sacerdote, músico instrumentista e intelectual acadêmico, o pastor nunca foi blindado contra o racismo e a intolerância que ainda cismam em coisificar as pessoas negras que ousam sair da marginalidade condicionada pelas estruturas coloniais que permanecem regendo a sociedade brasileira. Mas se o racismo não dorme, as nossas resistências também não!

Acolhido, admirado e amado pelas pessoas que enxergam a luz através dos seus olhos, Kleber Lucas, o fruto do útero da dona Maria, nos ensina que a resiliência é a melhor forma de ressignificar as nossas experiências e reabastecer as nossas resistências.

Assim, ler as suas letras que, juntas, contam a sua história é em si um ato político e um convite à desobjetificação. É um incentivo para que mergulhemos em sua trajetória, nos identifiquemos e, a partir de Kleber, tomemos a coragem de romper com o silêncio do colonialismo e nos coloquemos como sujeitos que se autonomeiam e que se entendem como senhores de sua própria história, capazes de revelar ao mundo cada Carlos, Alberto, Oyá, Mariana, Sônia,

Juliana e tantos outros mulheres e homens negros silenciados pelo termo "outros".

"O útero sagrado que forjou a sua força é base de resistências, são as raízes do seu baobá que, um dia, irá se ramificar". (G.M)

PROFA. DRA. MARIANA GINO (IFÁLEWÀ)
Secretária geral do Centre International Joseph Ki-Zerbo pour l'Afrique et sa Diaspora/N'an laara an saara (CIJKAD-NLAS) Secretária executiva adjunta do Centro de Articulação de Populações Marginalizadas (CEAP)

Me apaixonei pela pessoa que me tornei

Escrever este livro de memórias foi um pouco como um processo terapêutico que me fez viajar na minha própria história. Para isso, dois movimentos foram muito importantes e necessários para mim o tempo todo, os quais gostaria de deixar como registro desde o início.

O primeiro foi que precisei de uma coragem enorme para entrar em determinadas cenas de alguns capítulos da minha vida. Às quais, por vezes, resisti voltar e jurei não mais querer me lembrar. São aquelas lembranças que doem, aqueles eventos que marcaram de tal modo que só a menção a eles já causa desconforto.

O segundo foi que tive que usar o meu recurso de historiador para separar aquilo que Eric Hobsbawm trabalha muito bem como "história inventada".[2] É um tipo de enredo que somos capazes de narrar com tantos detalhes e tantas certezas que nos possibilita criar ou inventar aquilo que, de fato, nunca aconteceu. Sabe aquela coisa de uma mentira falada com tanta convicção que é capaz de virar verdade? Pois é, é exatamente isso.

Muito embora seja um livro de memórias, procurei, em alguns momentos, não confiar somente na minha, tive ajuda da minha mãezinha, que me confirmou alguns dos eventos que narro aqui. As minhas irmãs também me fizeram ver e rever muitas memórias, especialmente as que criei.

Foi um mergulho profundo na minha alma que me fez rir e me alegrar ao ponto de me trazer uma renovação ao meu próprio presente. Me apaixonei pela pessoa que me tornei. Em outros momentos, fiquei muito angustiado por ver que tantos emaranhados que vivi no meu passado ainda insistem em fazer parte do meu presente, e o quanto o meu presente carrega muito do meu passado.

Algumas vezes, precisei parar e ir para terapia; outras, precisei escrever mais ainda sobre a

---

[2] HOBSBAWM, E. **A invenção das tradições**. São Paulo: Paz & Terra, 2012.

vivência, pois percebia que quanto mais falava sobre o assunto, mais entendia de onde me vinha inspiração pra fazer tanta coisa bonita e que abençoa tanta gente hoje.

Deus cuida de mim é, sem dúvida, um relato de história real, uma experiência a ser compartilhada, uma cura pela fala e pela releitura da própria vida.

Estou muito feliz e convicto de que este trabalho lapidado será, para você, um caminho de descoberta e redescoberta da sua própria trajetória e, em tempo, uma reconciliação consigo mesmo, com algumas pessoas e papéis que ocupamos na vida. Assim como foi para mim.

Este livro é um relato da vida cotidiana, despretensioso, sem grandes narrativas nem soluções para todos os problemas, mas mostra o convívio com o mundo real e a clareza de que podemos deixar algumas coisas do passado no próprio passado, como o medo. Um sentimento que, de tanto encararmos, nos torna cativos dele. Que possamos, também, resgatar algumas coisas que ficaram lá atrás, como a coragem que nos fez caminhar tanto, mas que, às vezes, perdemos de vista.

Em alguns momentos, você vai ler estes relatos e vai se emocionar muito, noutros vai doer, noutros você vai rir bastante. É também um momento de repensar relações, crenças, fé, tolerância, respeito, crise de fé, perdão, reconciliação, orgulho, preconceito, afetos e a perda deles.

Este é um singelo convite a um caminho de volta, sempre necessário, para aqueles que anseiam ir mais longe.

Arpoador, julho de 2023,

KLEBER LUCAS

 Não tenha medo de revisitar o passado. Para construir um presente sólido e tranquilo, é preciso encarar o que deixamos (ou tentamos deixar) para trás. O convite é desafiador, mas o resultado é transformador.

Meu desejo de coexistência

São Gonçalo, início da década de 1970.

Coexistir: existir no mesmo lugar, no mesmo espaço, às vezes no mesmo quintal, na mesma família, na mesma favela, na mesma vizinhança, acompanhando as vitórias e os sofrimentos de quem mora ao lado.

NO TERREIRO

No final de 2017, me tornei alvo de fortes ataques de intolerantes religiosos cristãos, por causa de uma decisão que tomei e que mudaria para sempre minha relação com grande parte das igrejas evangélicas do Brasil.

Fui convidado a integrar uma equipe de pastores e pastoras, em parceira com diversas lideranças religiosas de diferentes matizes cristãs, entre outras religiões, na entrega de uma doação levantada pela Igreja Cristã de Ipanema para a reconstrução de um terreiro de candomblé que havia sido aviltado em 2014, em Duque de Caxias, no estado do Rio de Janeiro, vítima de ódio e intolerância religiosa.

Num desejo de dar visibilidade à entrega da doação, o babalaô Ivanir dos Santos quis mostrar à sociedade que nem todo evangélico é intolerante, e viu o evento como uma possibilidade de abrir caminho para diálogos entre diferentes grupos de liderança. O evento foi um sucesso de respeito, acolhimento, falas e escutas: mais de 25 pastores e pastoras e muitos líderes de igrejas estiveram presentes naquele encontro memorável.

Tudo lindo e maravilhoso, exceto por um detalhe: eu aceitei o convite para fazer parte da liderança do evento que entregaria a doação, algo que mudaria radicalmente o cenário e as narrativas simbólicas daquele ato tão bonito e singelo.

Antes mesmo de terminar a programação, já havia saído nas principais mídias evangélicas que "o pastor Kleber Lucas havia dado dinheiro para o candomblé". Que o "pastor Kleber Lucas estava no terreiro cantando, comendo, dançando e dando dinheiro". No mesmo dia, o assunto ganhou visibilidade em todas as mídias, e um tsunami de ódio começou a ser despejado nas redes contra a minha pessoa. Estas foram algumas das publicações que saíram na época:

> "Cantor gospel Kleber Lucas é chamado de 'endemoniado' após evento em terreiro".[3]
> "Cantor gospel Kleber Lucas canta em festa de Candomblé e gera rebuliço entre fiéis".[4]
> "Como a intolerância religiosa atingiu um pastor".[5]

---

[3] ZUAZO, P. Cantor gospel Kleber Lucas é chamado de 'endemoniado' após evento em terreiro. **Extra**, 4 dez. 2017. Disponível em: https://extra.globo.com/noticias/rio/cantor-gospel-kleber-lucas-chamado-de-endemoniado-apos-evento-em-terreiro-22147168.html. Acesso em: 1 mar. 2024.

[4] CANTOR gospel Kleber Lucas canta em festa de candomblé e gera rebuliço entre fiéis. **Diário de Pernambuco**, 23 nov. 2017. Disponível em: https://www.diariodepernambuco.com.br/noticia/viver/2017/11/cantor-gospel-kleber-lucas-canta-em-festa-de-candomble-e-gera-rebulico.html. Acesso em: 1 mar. 2024.

[5] COMO a intolerância religiosa atingiu um pastor. **Veja**, 27 jul. 2018. Disponível em: https://veja.abril.com.br/videos/em-pauta/como-a-intolerancia-religiosa-atingiu-um-pastor. Acesso em: 1 mar. 2024.

> *"Presença de pastor em terreiro gera polêmica na comunidade evangélica".*[6]
> *"Cantor gospel se apresenta em terreiro de candomblé e revolta fãs".*[7]

Minha decisão foi pautada pura e simplesmente com base na consciência tranquila que tenho do meu papel pastoral e da minha caminhada respeitosa pela democracia, pelo respeito e por acreditar no diálogo inter-religioso. Outra razão para me juntar àquele grupo de pastores que foi fazer a entrega surgiu de um exercício de memória histórica da minha própria vida.

Sendo filho de uma mãe que criou três filhos sozinha, sofremos muitos revezes. Às vezes, não tínhamos o que comer nem onde morar, e fomos sempre acolhidos tanto por pentecostais quanto por candomblecistas. Em muitos desses momentos, moramos dentro do terreiro de uma mãe de santo, a Dona Dalva, e no porão de um outro terreiro, o do sr. Ronaldo.

---

6 UCHOA, T. Presença de pastor em terreiro gera polêmica na comunidade evangélica. **O Dia**, 26 nov. 2017. Disponível em: https://odia.ig.com.br/rio-de-janeiro/2017-11-27/presenca-de-pastor-em-terreiro-gera-polemica-na-comunidade-evangelica.html. Acesso em: 1 mar. 2024.

7 MONTEIRO, M. Cantor gospel se apresenta em terreiro de candomblé e revolta fãs. **Jornal Opção**, 24 nov. 2017. Disponível em: https://www.jornalopcao.com.br/ultimas-noticias/cantor-gospel-se-apresenta-em-terreiro-de-candomble-e-revolta-fas-110792/. Acesso em: 1 mar. 2024.

Em entrevista ao portal G1,[8] declarei algo que é a essência da minha vocação na luta contra a intolerância: "Quando eu tive fome na favela e a comida chegava, eu não queria saber se ela vinha da igreja evangélica ou do terreiro do candomblé". E na minha participação no *Conversa com Bial*, falei: "Fui no terreiro ajudar porque, quando eu tive fome, eles vieram até mim".[9] E é esse caminho dialogal que me proponho trilhar com você.

NA IGREJA CATÓLICA

Eu nunca tinha entrado em uma igreja católica até aquele dia: o batizado da minha irmã mais nova. A igreja ficava em São Gonçalo, no bairro do Barro Vermelho; ela era grande, bonita e tinha muitas imagens.

---

8 PIERRE, E. Kleber Lucas, pastor convidado para o show da posse de Lula, passou fome na favela e recorria a terreiros quando se machucava. **G1**, 4 dez. 2022. Disponível em: https://g1.globo.com/rj/rio-de-janeiro/noticia/2022/12/04/kleber-lucas-pastor-convidado-para-o-show-da-posse-de-lula-passou-fome-na-favela-e-recorria-a-terreiros-quando-se-machucava.ghtml. Acesso em: 4 mar. 2024.

9 PEDRO Bial entrevista Kleber Lucas e Leonardo Gonçalves. **GloboPlay**, 8 nov. 2022. Disponível em: https://globoplay.globo.com/podcasts/episode/conversa-com-bial/62f20ab2-66e3-458a-b4a7-43afd18c236f/. Acesso em: 1 mar. 2024.

As imagens não eram novidade para mim, eu já as conhecia muito bem. Lá na favela da Coreia, onde eu nasci, havia várias. Me lembro bem delas nas casas, nas tendas de venda, nas pinturas das paredes... Tinha São Jorge, São Jerônimo, São Sebastião, Nossa Senhora Aparecida, e tinha também o Preto Velho, a Pombajira, o Zé Pelintra e tantos outros. Todas essas manifestações icônicas me remetiam a uma memória profundamente familiar, e me senti atraído de certa forma, algo parecido com reverência e admiração.

Aos poucos, fui me sentindo em casa, naquela igreja, caminhando entre os bancos, observando de perto os detalhes, a beleza do lugar e a fé que se manifestava ali. Era diferente da fé da minha avó Josina, que era da pentecostal. Era diferente dos terreiros e dos barracões da Coreia, e era uma igreja também diferente da dos batistas que iam no morro aos sábados evangelizar a gente.

Desde criança, eu ia a todos os lugares sagrados e, no morro, me sentia muito familiarizado com eles. Todos esses lugares eram, para mim, simbólicos, e os tratava sempre com uma mistura de respeito, alegria, pertencimento e mistério. As religiões em que fui criado eram pontos de convergência, mesmo tendo diferentes expressões.

Não me lembro nunca de ter ouvido, em nenhum daqueles lugares, difamações sobre o outro.

Até porque, mesmo nos diferentes espaços, havia graus de parentescos, pois, antes até mesmo da fé, existiam as relações familiares. A mãe de santo, às vezes, era irmã de sangue ou de leite, da crente da Assembleia.

Nunca vi, nenhuma vez, a Assembleia de Deus ser aviltada, mesmo eles colocando todo dia aquele alto-falante gritando de tal maneira que dava para ouvir no morro todo. Também nunca vi os barracões sendo apedrejados lá na minha favela. Pelo contrário, o que se tinha, de maneira geral, era um respeito a todos esses espaços. Além disso, tanto aquela Assembleia de Deus quanto os terreiros e barracões cumpriam o papel da fé, e também um papel social muito importante para todos da comunidade.

E, em meio a tudo isso, lá estava eu, um moleque danado e travesso. Enquanto preparavam o batizado da Flávia, a minha irmã mais nova, eu estava me ocupando com as esmolas dos santos. Uma moedinha aqui, outra ali, Santo Antônio nem ia sentir falta. Em determinado momento da missa, reparei que tinha uma fila onde estavam entregando algum alimento, alguma coisa para as pessoas comerem. Prontamente me coloquei lá, até que chegou a minha vez. O padre, que estava me vendo havia um bom tempo andando pela igreja, pegando umas esmolas, aparentemente sem nenhum respeito (muito embora houvesse, sim, respeito, reverência e alegria em mim), me olhando do alto, perguntou muito sério: "Você é batizado, menino?".

E eu respondi, sem nem pestanejar: "Eu, não!". Na verdade, conversando com minha mãe recentemente, descobri que havia sido batizado numa igreja católica lá no Paraíso, bairro de São Gonçalo, mas, como nunca cheguei a ter nenhuma vivência no catolicismo, a pergunta do padre me fez responder negativamente de imediato.

Nem sabia o que era isso de ser batizado, mas eu achava que não era. Mesmo tendo uma Dinda e um Dindo, pensei, naquele instante, que a pergunta dele tivesse alguma relação com pertencer àquele lugar, então respondi que não. O homem então recuou a mão que segurava o que parecia ser um pedacinho de pão (a hóstia) e me disse: "Então você não pode comer o corpo de Cristo, você é um pagão".

Sinceramente, e falo com um certo humor, acho que foi ali o início dos muitos conflitos que eu teria ao longo da minha vida de fé. Eu não entendia por que eu não poderia comer o pão, muito menos o que era ser pagão. Parecia não ser coisa boa. Naquele instante, entrei num embate com o bom padre. Não pensei duas vezes, passei a mão naquele pão, enfiei na boca e saí correndo.

Na Coreia, em todas as programações de fé a que eu ia tinha comida, e ninguém nunca me perguntava nada, era entrar e comer. Não consigo deixar de pensar que aquele momento deu início a algo que seria recorrente em minha vida.

RELIGIÃO: FÉ, COMIDA, PARTILHA E TRANSCENDÊNCIA

Religião, pra mim, portanto, sempre teve a ver com fé e comida. Sempre teve a ver com alegria, com festa pra todo mundo, comida na mesa. O sagrado estava ali, e sempre esteve ali pra mim. Em dias de culto, fossem esses de diferentes expressões, eu sabia que seria o dia em que a comida na mesa era uma certeza. Era dia de alegria, música, danças, liberdade, partilha, e sempre sobrava um pouco para levar pra casa.

Dias de cultos dos crentes batistas eram os únicos em que eu gostava de tomar banho. Minha mãe sempre me arrumava e eu chegava cedo, ávido pelos momentos. Na evangélica, eu gostava de cantar os corinhos e, no final, sempre era abraçado e ganhava um presentinho daquelas pessoas simpáticas que subiam o morro aos sábados à tarde pra nos evangelizar. Na verdade, não sei se eram só batistas ou se havia também testemunhas de Jeová e presbiterianos. Pra mim e pra favela eram todos crentes, e estava tudo bem.

Esses crentes que subiam o morro eram bem diferentes dos crentes da Assembleia de Deus da favela, os membros de lá eram moradores, conhecidos nossos: parentes, vizinhos, amigos. Os que iam aos sábados eram quase todos brancos, e usavam roupas mais modernas. As mulheres usavam calça, maquiagem e tinham cabelo curto, o que era proibido na Assembleia. Os homens usavam calça jeans, tocavam violão e sorriam sempre, o que não era muito comum naquela igreja do morro. Era outro tipo de "crente" para a maioria dos vizinhos, mas eu gostava deles também, especialmente quando me deixavam cantar, comer e brincar.

Nos terreiros, eu adorava o som dos atabaques e as danças daquelas pessoas que eu conhecia. Eram os moradores do morro, homens e mulheres da comunidade. O que mais me chamava atenção era o fato de que todos nós nos conhecíamos, fosse da rua, fosse do poço onde pegávamos água, das famílias e vizinhanças. Éramos primos, irmãos de leite, parentes distantes. No entanto, na hora dos cultos, essas mesmas pessoas ganhavam formas gigantescas de beleza incomparável. Um tipo de empoderamento que gerava tanto admiração quanto reverência: era a beleza da magia pura.

Desde cedo, também percebi o poder da magia de cada religião. Certa vez, na casa da minha avó Josina, na hora do culto, eu vi uma jovem chamada Mere, que todo mundo conhecia como uma garota tímida, e que tinha uma certa protuberância na arcada dentária que parecia fazê-la mais reservada ainda. Em um daqueles cultos na casa da minha avó, a Mere começou a falar aquilo que os pentecostais chamam de línguas estranhas ou o conhecido fenômeno da Glossolalia.

Eu fiquei muito emocionado quando vi e ouvi aquilo se manifestar em uma pessoa tão simples, tímida, recatada, mas que naquele momento se agigantou, mudando até mesmo o tom da voz. Era algo apaixonante. Não conseguia tirar meus olhos dela, que parecia ter se transformado num ser lindo. Acredito que aquela tenha sido a primeira experiência de fé mais forte que presenciei, e nunca mais me esqueci.

Todos os cultos eram bem-vindos e respeitados, mas, pra mim, na favela em que fui criado, os cultos dos crentes, a fé pentecostal, eram o que mais se assemelhava ao nosso "modus vivendi". Era uma fé carregada de mistério e empoderamento, eu me sentia bastante familiarizado e percebia isso também nas pessoas que desde bem cedo eu observava.

Carrego em mim o mesmo desejo que me fez pegar a hóstia da mão do padre e comer por acreditar, de verdade, que todos nós podemos experimentar o pão da graça e da celebração da vida em comunidade. Da mesma forma, sigo vivendo e experimentando todos os pães e me proponho a compartilhar o próprio pão da minha fé com todos aqueles com quem convivo.

Curiosamente, um dos significados do meu nome, Kleber, é: aquele que faz pão. Também por acreditar que pão é para se comer junto, trago comigo a profunda memória daquele que disse: "[...] Tomai, comei; isto é o meu corpo [...]; fazei isto em memória de mim".[10]

---

10 1 Coríntios 11:24-25.

> De onde vem a sua fé?
> Não tenha medo de identificar as suas raízes, reconstruir o que faz sentido para você. Fé, antes de tudo, é a sua relação com o que faz o seu coração pulsar, com o que o mantém vivo, com o que o faz continuar existindo apesar de tudo.

Conhecendo Deus

Meu pai e minha avó Josina que me ensinaram a ter fé, essa é a verdade.

MINHA AVÓ JOSINA

Me lembro da vó Josina, uma senhora aparentemente frágil, de voz miúda, cabelo sempre trançado, pernas russas e os joelhos muito calejados. Eram calos de tanto orar ajoelhada.

Minha avó era natural daquelas bandas de Mimoso do Sul, no Espírito Santo, teve mais de dez filhos, e sua história também carrega episódios de violência: foi espancada pelo marido, meu avô, um tipo de meeiro que cuidava da fazenda de alguém e tinha praticamente obrigado os filhos a trabalhar com ele.

Minha mãe e meus tios me contaram que à medida que os filhos iam crescendo, saíam de casa e vinham na direção de Campos dos Goytacazes e depois para São Gonçalo, municípios do Rio de Janeiro. Minha mãe, meus tios Geraldo, Moacir e Isabel foram os últimos a sair, e trouxeram minha avó junto. Meu vô ficou por lá. Não me lembro de nenhuma vez sequer ouvir meus tios e minha mãe falarem o nome dele sem que fosse acompanhado de um "desconjuro, credo". Eles e minha avó apanhavam de chicote, chegaram a ser amarrados em troncos, ficando de castigo. Eles não gostavam muito de falar do meu avô.

Minha avó, porém, era uma mulher santa para todos os tios, noras, netos, parentes e amigos. Uma mulher realmente generosa e amada, e na casa dela nunca faltava uma comidinha deliciosa: angu com feijão, quase sempre, quiabo, arroz com ovo. Toda semana, todos os filhos e agregados estavam na casinha dela, que era só um quarto de pau a pique, chão de barro, com um banheirinho coletivo que atendia outros barracos vizinhos.

Uma coisa que acontecia com muita frequência eram os cultos, sempre no final do dia, na casa dela. Algum tio ou alguém pregava e fazia orações. Minha avó amava ver todos ali. Era lindo demais.

Uma coisa de que me lembro bem é que, muito embora minha avó fosse uma crente muito fiel e devota, a maioria dos meus tios, incluindo minha mãe, num primeiro momento, não tinha religião. Nem de matriz africana, nem evangélica, nem nada. Acredito que tenha um pouco a ver com toda a representação arquetípica do meu avô e o histórico de violência doméstica e abusos sofridos. O sagrado se tornou distante para eles.

Todos naquele espaço pequeno, falando alto e conversando ao mesmo tempo, paravam instantaneamente para ouvir aquela senhora baixinha, de voz suave e quase inaudível. Ficávamos quietos, silêncio absoluto: vó Josina ia falar. E todos parávamos para ouvir o que ela tinha pra dizer. E vó Josina contava suas histórias da época da fazenda, lá em Mimoso do Sul, no Espírito Santo, histórias com uma memória recente da escravidão.

Esse mosaico familiar era fantástico e tornava tudo muito bom. Apesar de ser um ambiente sagrado, pela presença da ancestralidade, não havia presença de grande religiosidade.

Às vezes, por não termos onde morar, dormíamos em esteiras no chão da casa dela, com uma pequena lamparina iluminando o barraco de pau a pique. Muitas vezes, eu ouvia minha mãezinha chorando baixinho e, em muitas delas, eu fingia estar dormindo e sentia minha avó passar a mão na minha cabeça, cantando com sua frágil voz um velho hino:[11]

> Terás em breve as dores findas
> No dia alegre da Sua vinda
> Se Cristo tarda, espera ainda
> Mais um pouquinho e o verás.
>
> Por que te abates, ó minha alma
> E te comoves, perdendo a calma
> Não tenhas medo, em Deus espera
> Porque bem cedo Jesus virá.

Há, sem dúvidas, um forte alento nas mensagens do hino da Harpa Cristã, e esse é um dos que eu mais gosto. Tenho uma profunda memória que envolve afetos e uma espiritualidade familiar que perpassa, evidentemente, o matriarcado da nossa família.

A PAZ DO CÉU

Eu não sabia exatamente o que minha querida vó Josina estava fazendo quando colocava a mão sobre minha cabeça e cantava um hino da Harpa e

---

[11] MACALÃO, P. L. A alma abatida, n. 193. *In*: **Harpa Cristã**. Disponível em: https://www.harpacrista.org. Acesso em: 1 mar. 2024.

falava em línguas estranhas. No entanto, a sensação de pertencimento e proteção me fazia acreditar que o barraco dela era o lugar mais seguro possível, que, independentemente das dores vividas daquele momento, havia um futuro para mim, e esse futuro era o céu, onde teríamos uma casa pra morar, ruas de ouro, fim das injustiças, comida, cama, alegria e ninguém mais apareceria pra nos mandar embora por inadimplência e nunca mais seríamos despejados.

Com o passar do tempo, minha mente inquieta começou a pensar que o céu ficava muito distante. Eu via também que aquilo que, para mim, no contexto da minha família, era o céu, para alguns dos amigos do futebol era a terra e a realidade deles. Em certo momento, me vi questionando se haveria alguma maneira de encurtar essa distância do céu, sem necessariamente morrer.

Comecei a pensar o seguinte: se o céu é esse lugar de casa, comida, justiça, saúde e alegria, talvez eu estivesse vivendo no inferno, uma vez que adoecíamos e não tínhamos o mínimo de recursos, eventualmente ficávamos sem teto pra morar, não tinha comida, nenhum amparo, e o grande desafio era pedir a Deus que não chovesse à noite pra que nossa esteira não ficasse molhada. De alguma maneira, a ideia do céu não me cabia muito bem!

Alguns anos depois, eu estava convencido de que, por mais que eu tivesse alguma visão do porvir, minha decisão de experimentar "o céu" seria na terra e numa dimensão de luta. Que, por mais linda que fosse a ideia de um céu utópico, talvez eu pudesse dar à minha mãe uma mínima dimensão de eternidade, tendo uma casa pra morar, comida na mesa, cuidados básicos de saúde e também alegria.

Deus cuida de mim é também uma mensagem de uma utopia possível, de experimentarmos minimamente o Reino de Deus aqui e agora no contexto do cotidiano de muita gente que espera ter um teto, comida, saúde, alegria. É possível vivenciar o céu na terra, e espero que a leitura deste livro o leve a essa experiência.

Meu pai e o sagrado

Nossa história de pai e filho começou conturbada. Quando nasci, meu pai não me reconheceu como filho, mas, depois de um tempo, ele nunca mais teve dúvidas. Meu pai, Antônio Costa, também conhecido como Seu Totó, nasceu num vilarejo chamado Suarim, próximo a Papucaia, município do Rio de Janeiro. Tendo saído de lá muito cedo, ele tinha poucas memórias, mas sempre que podia compartilhava comigo e com a Cátia, minha irmã mais velha.

Pouco antes de falecer, minha tia Elisa, irmã mais velha do meu pai, me contou a seguinte história: quem nos criou foi Deus! E continuou dizendo que eles moravam numa fazenda onde várias pessoas que lá trabalhavam dormiam no mesmo cortiço, que era uma espécie de dormitório dos empregados. Todos eram meio parentes, mas o que fortalecia aquela relação era o vínculo de trabalho. Ela me falou que se lembrava do meu pai bem criança, levantando de madrugada, antes de o sol nascer, e o via passar correndo de um lado para o outro com um balde na mão para ordenhar as vacas, sempre trabalhando muito. Ele tinha menos de 7 anos.

Os donos de algumas terras naquela região levaram minhas duas tias e o meu pai, bem cedo, pra trabalhar para eles no Rio de Janeiro. Cada um, então, morou com uma família e cuidavam das coisas da casa, na Zona Sul da capital fluminense. Lembro do meu pai falando muito da casa onde trabalhava, sempre se referindo a si mesmo como "empregadinho de madame".

A sensação que tenho é a de que meu pai aprendeu muito naquele tempo trabalhando com aquelas famílias. Foi um momento de que ele nunca se esqueceu, e fazia questão de recontar as histórias sempre numa narrativa positiva e vantajosa. Entretanto, com o tempo, comecei a pensar na vida daquela criança, criada sem os pais por perto, correndo na fazenda porque sabia que precisava trabalhar, depois sendo levada para a cidade grande, quase sem vínculos com as irmãs, que também precisaram ser submetidas a um tipo de vida bastante recorrente de crianças pretas nas décadas de 1930-1940.

Algum tempo depois, meu pai foi morar no bairro do Pita, no Morro da Coreia, em São Gonçalo. Ele começou trabalhando como carregador de carvão e foi fazendo vários serviços, e logo começou a trabalhar como "chapa" (um tipo de faz-tudo ou marido de aluguel). Conhecido, tanto na favela quanto no bairro do Pita, como um homem trabalhador respeitado que atendia a todos dali, fosse para desentupimento de fossas e caixas de gordura, fosse para instalações hidráulicas, entre outros serviços.

Imagino que, no final da década de 1970, a água pública começava a chegar em São Gonçalo, porque meu pai estava sempre trabalhando nas casas e nas valas ali do bairro. Me lembro que, depois do trabalho, ele levava horas tomando banho e se arrumando. Era muito cheiroso, sempre fazia questão de fazer a barba e cortar o cabelo "meia cabeleira bem baixinho", pois era sua herança do quartel, e também uma forma de se distinguir num período muito conturbado da nossa história política no Brasil: a ditadura militar. Meu pai insistia que eu cortasse o cabelo bem baixinho sempre. Eu odiava aquilo. Queria ter o cabelo igual ao dos Panteras Negras e dos amigos lá do morro, mas ele proibia. Sempre me levava na barbearia do Seu João, e eu detestava aquele momento.

Ele também foi um homem que teve muitos relacionamentos. Um verdadeiro boêmio nos fins de semana na Lapa; adorava um jogo de todos os tipos:

sinuca, cartas, jogo do bicho, loteria esportiva, e andava sempre armado. Eu me lembro bem de ir à casa dele e de vê-lo limpando uma pistola, montando-a e desmontando-a na minha frente. Eu ficava curioso ao ver aquilo, mas não me chamava muita atenção, nem me despertava interesse.

Eu sou a cara do meu pai, aquele homem trabalhador, boêmio, mulherengo, viciado em jogos de azar, respeitado por todos e armado: um verdadeiro bom malandro dos anos 1960-1970 do Rio de Janeiro. E, com os anos, as semelhanças físicas foram além das características visíveis. Mais que pai e filho, nos tornamos grandes amigos. Seu Totó se tornou um grande confidente e um guia espiritual também: "Deus que te dê boa sorte, meu filho, que as almas de seu avô e da sua avó te guardem e te abençoem".

Esse era o meu pai. Toda vez que me via, fazia questão de me abençoar, e eu adorava receber suas bênçãos. Com a mão na minha cabeça e as lindas palavras que vinham de muitas e muitas gerações, eu me sentia protegido como se, de fato, meu avô e minha avó estivessem ali, me abraçando e me abençoando. Eu os sentia presentes e ainda hoje os sinto.

Interessante pensar que tanto as bênçãos da minha querida avó materna Josina quanto as bênçãos do meu paizinho tinham o mesmo efeito de pertencimento, proteção e amor em mim.

Não importa de onde ou de quem venham as suas referências de fé, desde que você sempre as honre. É na nossa origem que encontramos a nossa verdadeira essência, não deixe essa luz se apagar.

A Lua de São Jorge e as velas sempre acesas

Foi com Seu Totó (meu paizinho) que eu conheci, também, a fé ancestral e a garra que um homem preto tem que ter para viver nessa sociedade tão fundamentalmente hostil em que vivemos.

Na casa dele, sempre tinham velas acesas na entrada, para seu Exu, guardião de seus caminhos, junto com uma imagem de São Jorge. O mesmo São Jorge que ele trazia em um medalhão pendurado no peito e em um anel, na mão que usava para me abençoar.

Havia um ritual que ele sempre fazia nos dias de lua e me dizia: "Olha, meu filho, a lua está cheia. Repara, se você olhar bem, vai ver São Jorge lá de cima cuidando da gente, faz um pedido". Eu confesso que por muito tempo fiquei tentando ver São Jorge na Lua e nunca o encontrei lá. Depois, na adolescência, passei a achar que aquela história era uma grande bobagem.

Quando fui para a igreja evangélica, vi que aquilo não passava de estórias e crendices. Anos depois, me vi retornando àquele rito do meu paizinho. Passei aos meus filhos e passarei aos meus netos: o ato de olhar a Lua e tentar encontrar o sagrado. Já não me importa mais as formas daquele rito. O que ficou de mais importante foram os momentos com ele, naquela cena que guardo para sempre no coração, e penso que meus filhos já entenderam isso, pois os vejo fazer a mesma coisa.

Foi meu paizinho quem me ensinou a admirar a beleza da lua e a ter fé, o poder das plantas milagreiras, as rezas nas esquinas, pedindo proteção, a ver um Ebó e pedir licença, não chutar e nem achar que é "coisa do demônio", mas uma linda cerimônia de fé e que precisa ser respeitada. Eu vi meu pai fazendo Ebó e sempre admirava sua fé, mesmo depois que "virei crente". Ele, portanto, também me ensinou a pedir bênção aos mais velhos, beijando a mão. Me ensinou que as almas dos meus avós velam por mim. Eu vi meu pai acendendo velas e ficava um bom tempo ali, fazendo suas orações e rezas. Era lindo e inspirador.

Ter vivido entre várias religiões me ajudou a ter a consciência de que é preciso respeitar cada uma delas. O que a gente carrega da nossa família e da cultura do lugar em que crescemos dura para uma vida inteira. Qual foi esse legado imaterial que o seu convívio, seja com a família, seja com o entorno, trouxe para você? De que forma ele o aproxima de Deus, da vida de fé que você tem hoje?

Uma outra lembrança que tenho de meu pai é de vê-lo parado no pé do Morro da Coreia, me esperando com minha merenda para a escola, segurando minha mão para atravessar a rua. Era diário, chovesse ou fizesse sol, eu sempre tinha uma merenda para levar para o colégio. Ele, ou alguém a pedido dele, estava sempre lá no pé do morro, com merenda na mão, me esperando passar para segurar minha mão para atravessar a rua. Alguns mais comuns eram: Sr. Zezinho do botequim, Sr. Paulinho Peicheiro, Sr. Juarez, Sr. Nico e Sr. João (o barbeiro). Me entregava um pão com manteiga enrolado naquele papel pardo, amarrado em barbante, uma mariola, ou bananas.

Era lindo aquele cuidado. Eu já tinha quase 30 anos e, sempre que ia visitá-lo, meu paizinho fazia questão de me levar para falar com todos eles. Eu adorava me sentar lá naquele ponto dos Chapas e bater um papo com eles, que também tinham muito orgulho de mim. Tinham outros chapas também, como o sr. Cabo Velho, sr. Manoel (da dona Zuna) e outros amigos do meu pai, que me contavam histórias.

Até que, certo dia, eu desci, porém não tinha ninguém me esperando. Achei estranho, mas segui meu caminho para o colégio, que ficava logo do outro lado da rua.

Depois de algum tempo, já sentado com a turma na sala de aula, olhei para o corredor e vi meu pai chegando. Vestido com sua calça surrada pelo trabalho diário de chapa, carregando em uma mão suas ferramentas de trabalho e na outra o rolo de papel pardo, onde eu sabia, estava minha merenda. Minha primeira reação foi me esconder. Senti vergonha de meu pai e o que poderiam falar os meus colegas da escola – que viviam no asfalto e, por mais pobres que fossem, tinham casa de alvenaria, bem diferentes da minha, com pais que se vestiam com roupas mais arrumadas e trabalhavam com coisas mais legais que desentupir ralos. Fiquei com muita vergonha.

Em um lampejo, ali oculto atrás das carteiras, me deu muita tristeza. Veio a consciência de que estava errado me esconder. Meu pai era um homem maravilhoso, trabalhador e me amava. Ele estava ali por mim. Me dei conta de que eu não podia, nem devia, me esconder da minha história. Saí do esconderijo gritando: "Pai, pai, estou aqui!". E o abracei forte, como quem pede desculpas sem saber bem por quê. Ele, alheio a tudo aquilo, me entregou aquele pão com manteiga e voltou para seu ponto de chapa no pé do morro, não sem antes me abençoar.

MEU PAI

Das muitas coisas que eu, de certa forma, percebia em meu pai, estavam a incoerência dele e sua própria humanidade. Ao mesmo tempo que era um homem cheio de fé e amor, com uma paciência gigantesca, diante das dificuldades insistia em dizer: "É assim mesmo". Nunca vi meu paizinho reclamar de nada. Não que reclamar seja demérito. Eu mesmo reclamo muito, e de tudo. Mas essa certeza de que se está protegido por algo maior era inspiradora.

Mesmo assim, Seu Totó foi um homem que aprendeu a se defender neste mundo cruel. E podia se tornar um homem furioso, disposto a resolver no tiro os seus problemas. Era do tipo que não levava desaforo para casa, principalmente depois de tomar umas cachaças, coisa que o conduziu a lugares ruins, muitas vezes.

Do mesmo modo que era um homem extremamente trabalhador e reconhecido em toda comunidade por seu trabalho, consertando canos vazados, caixas de esgoto entupidas, curtos de luz, podia passar da conta na bebida e ser visto, de vez em quando, caído em alguma esquina, balbuciando coisas sem sentido. Fui visitá-lo algumas vezes em manicômios, onde minhas tias o deixavam, por conta desse problema com o álcool.

Um homem preto alcoolizado, na década de 1970, era facilmente confundido com um louco agressivo, e, antes da reforma manicomial, o caminho entre a casa de custódia e o manicômio era bem estreito.

A cachaça e as mulheres eram o grande fraco de Seu Totó, mas da bebida ele conseguiu se recuperar. Parou de beber em 1977, e nunca mais colocou uma gota de álcool na boca até o fim de seus dias. A sobriedade não mudou o jeito de ser do meu pai, pelo contrário, realçou todas as coisas boas que ele já tinha. Nos encontros com os amigos, enquanto todos estavam com suas cervejas e cachaças, meu pai estava com seu suco ou um Mineirinho, que é um refrigerante bastante conhecido em São Gonçalo.

Minha família por parte de pai me mostrava grandes possibilidades que eu não via no Morro da Coreia. Minhas tias Jú e Elisa e meu pai aprenderam muito trabalhando na Zona Sul do Rio de Janeiro, como pôr a mesa, engraxar sapatos, engomar, lavar e passar roupas, tratar dos panos mais finos e dos cortes de ternos mais delicados.

Morar em uma garagem, sendo "empregadinho de madame", era um orgulho para o meu pai, ele contava essas histórias como se fosse uma grande escola de vida, pois ele soube aproveitar as oportunidades que teve ali. E, nessas andanças, ele conheceu muitas pessoas e viu muitas coisas que outros homens como ele lá do morro não tiveram oportunidade de testemunhar.

Ele chegava em restaurantes e casas de shows da Zona Sul e da Lapa, e oferecia seus serviços de engraxate e engomador aos trabalhadores das casas, em troca de um prato de comida e um espaço na coxia das festas e festivais de músicas e bailes que aconteciam naqueles lugares. Isso tudo lhe deu acesso a espaços e saberes que a maioria das pessoas da favela da Coreia não tinha. Meu pai se vestia bem, comia bem, sabia se comportar dentro de um rigor estiloso. Era um homem simples, mas muito elegante.

Na minha infância, eu nunca vi meu pai vestindo bermuda. Estava sempre de calça social, que puxava até o joelho para facilitar o trabalho. Via de regra, ele estava trabalhando dentro dos esgotos nas casas do pé do morro, fazendo serviços de chapa. Me recordo perfeitamente de uma vez, eu tinha pouco menos de 10 anos, antes de sair do Morro da Coreia, que fui acompanhar meu pai até um desses serviços. Ele de dentro de uma fossa, enquanto eu o olhava com olhos espantados, com aquele cheiro horrível de sujeira e animais nojentos ao redor, me sentenciou: "Isso aqui não é pra você! Você não nasceu pra isso!".

Esse acontecimento foi um marco para mim. O meu pai sabia que eu podia ir além, ele esperava mais para mim.

Crie o seu próprio destino, mas nunca se esqueça de onde você veio. É na sua origem que está a força da sua história, de quem você é.

Uma força que nos alerta

"Maria, Maria é um dom, uma certa magia, uma força que nos alerta, uma mulher que merece viver e amar como outra qualquer no planeta". [12]

Quando eu penso no sagrado, penso na minha mãe, Maria Madalena Lucas. Muito embora minha mãe não tivesse uma prática religiosa na nossa infância, ela representa o cuidado do Deus que cuida de mim. Ela sempre representou segurança, acolhimento, amor, alegria, proteção. Minha mãezinha é, para mim e para minhas irmãs, um porto

---

[12] MARIA, Maria. Intérprete: Milton Nascimento. *In*: CLUBE da esquina 1 e 2. Rio de Janeiro: EMI, 1978.

seguro pra chegarmos a qualquer hora. Minha mãe é o lugar das nossas convergências.

Vivi uma infância com muitas faltas. Moramos em diversos lugares, moramos de favor e ficamos desalojados algumas vezes. Em muitas delas, não tínhamos comida em casa e dormíamos com fome; em outras, ela saía pra trabalhar e chegava tarde da noite. Nunca passou pela nossa cabeça que nossa mãe não voltaria para casa.

Fico imaginando, hoje, o desafio de uma jovem mulher negra, bonita, de 20 anos, nos anos de 1970, cheia de vigor e sonhos, tendo que dar conta de criar três filhos sozinha. Tendo, além de tudo, que suportar os olhares difamatórios da favela, as seduções e promessas de homens casados e solteiros que apareciam.

Conheci, no morro onde nascemos, histórias de algumas mães que não suportaram a pressão e foram embora, deixando às vezes os filhos com avós e parentes. Saber daquilo gerava em mim um desespero absurdo, especialmente porque era uma realidade muito próxima das famílias que moravam perto da gente, e todo mundo acabava sabendo, porque era falado pela vizinhança.

Hoje, depois de crescido, procuro não julgar essas atitudes, especialmente agora, que entendo as demandas que recaíam sobre jovens pretas e bonitas dentro dos padrões de beleza da sociedade, trabalhando em casas de família na década de 1970 e 1980. Os tipos de exploração e abuso, as violências sofridas, tendo, muitas vezes, o corpo violado, condenadas a ficar em silêncio sob o risco de perder emprego ou, em outros casos, iludidas, recebendo promessas fáceis e mentirosas de que o filho que estava esperando, decorrente do estupro, seria assumido em algum momento. Simplesmente não julgo.

MARIA, MARIAS

Minha mãezinha sempre foi, para nós, a figura da força e da provisão: "uma certa magia, uma força que nos alerta".[13] Essa música do Bituca é o que mais e melhor traduz como a vejo na nossa história. Nós vivemos numa sociedade na qual o mito da força da mulher preta tem sido usado para quase sempre colocarem sobre ela um peso ainda maior, e isso me faz refletir sobre o que nos levava a acreditar que nossa mãezinha pudesse ter tanta força e coragem.

É uma maldade dizer que a mulher preta aguenta mais porque ela é mais forte, porque suporta mais a dor, e assim ela pode esperar mais nas filas dos hospitais, pode trabalhar até mais tarde porque é boa de

---

[13] MARIA, Maria. *op. cit.*

trabalho. E, em nome desse mito da força da mulher preta, desumanizam as mulheres. "Lata d'água na cabeça, lá vai Maria"[14] podia ser visto como representação da força da minha mãezinha e cantado por nós, exaltando-a, mas que, de alguma maneira, suprimia, por vezes o: "uma mulher que mereça viver e amar como outra qualquer no planeta".[15]

Vi, com o tempo, que minha mãezinha e tantas outras Marias das favelas em que fomos criados perderam a juventude e muito da liberdade cuidando dos filhos, trabalhando desde a madrugada até tarde da noite. Em algumas circunstâncias amamentando e cuidando de filhos que não eram seus. É preciso lembrar sempre que essa magia que traz Maria é também uma força que nos alerta.

Por vezes, muitas Marias perdem a vida e perdem amores; perdem o sabor de viver, a graça se esvai, perdem o riso e a beleza da contemplação. Tudo que ganham é pra manter a família, é pra salvar todos os dias os filhos, a mãe e, em alguns casos, homens enfraquecidos de esperança. Com o tempo, as dores; com o tempo, o abandono; com o tempo, o esquecimento como outras quaisquer no planeta.

---

14 LATA d'água. Intérprete: Marlene. *In*: MESTRES da MPB. Rio de Janeiro: WEA, 1992.

15 MARIA, Maria. *op. cit.*

Quando íamos para a casa da minha avó Josina, no Boaçu, em São Gonçalo, por diversas vezes, eu via minha mãe chorando sentada aos pés da minha vozinha, que, de maneira tão acolhedora, a abraçava e dizia pra ela ter paciência que as coisas iriam mudar. Não tinha nada nessa vida que me doía mais do que ver minha mãe chorando. Era também para aquele barraco de pau a pique de dois e meio por três que a gente ia sempre que não tinha onde dormir. Todo mundo sabia que, onde quer que minha mãe estivesse, eu e minhas irmãs estaríamos também. Ela nos carregava pra todos os lados. Ela nos criava sozinha, saindo de manhã cedo e voltando sempre à noite.

PROMESSAS DE UM FILHO

Era a Cátia, minha irmã mais velha, que ajudava minha mãe e ficava responsável por cuidar de mim e da Flávia, a caçula. Eu não era um menino fácil, e a Cátia era só uma criança com muitas responsabilidades. Ela fazia a comida, arrumava a casa, cuidava da gente, me colocava para a escola, também ia para a escola, isso tudo enquanto lidava com a minha peraltice e minha língua ligeira em fazer queixas dela para minha mãe ou em dedurar as escapadas dela para estar com as amigas. Eu contava tudo pra minha mãe. Era tipo

X9, expressão bem conhecida no cenário do Rio de Janeiro, e tem o mesmo significado de dedo-duro.

Era bem comum que as coisas não saíssem de acordo com o esperado por minha mãe, e, claro, como a mãe sobrecarregada que ela era, fazia aquilo que muitas mães fazem: ameaçava fugir, e essa era a pior ameaça que ela podia fazer.

Enquanto ela estava me chamando aos gritos de nomes pouco delicados, tudo estava bem. O problema mesmo era quando ela ameaçava ir embora e não voltar nunca mais. A possibilidade de não ver mais a minha mãe acabava comigo, eu não podia perder aquele colo quente, tão natural das mães. Nunca havia pena pesada por minhas falhas, ao contrário, tinha amor, cuidado e zelo, e os dramas tão característicos de Maria.

Vendo aquela correria, a vida pesada que ela carregava nas costas, sonhando com um futuro melhor para nós, um dia, fiz uma promessa, como a maioria das filhas e dos filhos que nascem em favelas e periferias desse Brasil fazem. Filhos e filhas que sonham dar uma vida melhor para os pais. Alguns, no desespero de realizar, são capazes de fazer qualquer coisa pra salvar a vida da família, mesmo tendo que, em circunstâncias extremas, arriscar ou perder a própria vida.

Quando fiz essa promessa para minha mãe, ela estava sentada no chão de casa, contando moedinhas para pagar o INPS – com o talão do Seguro Social do lado, uma esperança de um descanso digno na velhice. Eu, prestando atenção naquilo que todo mês se repetia, cheguei pertinho, abracei forte e lhe disse: "Um dia, eu vou cuidar da senhora quando ficar mais velho".

Hoje, minhas duas irmãs e eu retribuímos todo amor e cuidado que minha mãe sempre teve com a gente. Ela mora em uma casa digna, com paz e tranquilidade para aproveitar seus dias. Cumprimos a promessa.

O que mais marcava nossa infância, além do fato de sempre ver minha mãe trabalhando, era a necessidade de nos mudarmos inúmeras vezes, pois faltava sempre o dinheiro para pagar o aluguel. Morávamos em barracos na favela, e ela precisava escolher se levava a comida para casa ou se teríamos um teto sobre a nossa cabeça. Assim, moramos em muitos lugares ali da Coreia, algumas vezes, de favor, por caridade e ajuda de amigos.

Um dos refúgios para a família eram os terreiros de macumba, como já contei. Nos cediam comida, água limpa e um lugar para dormir. Esses espaços de acolhimento ajudavam sem forçar nenhum tipo de conversão ou participação na religião da umbanda ou do candomblé. Dessa forma, crescemos vendo as lutas da minha mãezinha, Maria, Maria!

Umas das músicas que fiz em homenagem a ela tem sido cantada há quase vinte anos no Brasil. Fico muito feliz com minha história de vida e por saber também que muitas filhas e filhos, ao cantá-la, também se convertem às suas mães que, mesmo com lutas e limitações, não desistiram. De igual modo, a representação de Deus como Pai e Mãe é capaz de quebrar os mitos de pais e mães ideais e perfeitos, fazendo-nos, na medida do possível, deixar o passado no passado e recomeçar uma nova relação de convergência, sem medo e sem culpa, inclusive com os pais e mães que não suportaram o desespero e declinaram de seus papéis.

> Eu Te agradeço, Deus
> Por se lembrar de mim
> E pelo Teu favor
> E o que me faz crescer
> Eu vivo pela fé, e não vacilo
> Eu não paro, eu não desisto
> Eu sou de Deus, eu sou de Cristo
> Você mudou a minha história
> E fez o que ninguém podia imaginar
> Você acreditou, e isso é tudo
> Só vivo pra você
> Não sou do mundo, não
> A honra, a glória, a força
> O louvor a Deus
> E o levantar das minhas mãos
> É pra dizer que te pertenço, Deus

> Eu te agradeço, Deus
> Que no deserto não me deixou morrer
> E nem desanimar
> E como aquela mãe que não desiste
> Você não se esqueceu, você insiste.[16]

Minha mãe foi uma jovem mãe com 16 anos. A primeira filha desse relacionamento é minha irmã Cátia, três anos mais velha que eu. Depois, veio minha irmã mais nova, Flávia, que seguiu o mesmo rito de família e rito social, ou seja, o de mulheres que precisaram ser fortes o tempo todo.

Meus pais nunca se casaram, e, quando minha mãe estava grávida de mim, o relacionamento deles já estava no fim. Sempre trabalhou, sempre correu atrás: lavava roupas pra fora, era manicure, pedicure, costureira, cabeleireira, faxineira. Nunca vi minha mãe sem trabalhar. Ela era aquela jovem que criou três filhos sozinha, e ainda arrumava tempo pra sair com meus tios. Isso chamava atenção, gerava inveja e comentários, mas minha mãe cuidava da vida dela.

Depois que crescemos e nos casamos, minha irmã Flávia, teve um importante papel na nossa vida, nos ajudando a criar tanto os dois filhos da Cátia

---

16 TE AGRADEÇO. Intérprete: Kleber Lucas. *In*: Casa de Davi, casa de oração. Rio de Janeiro: MK Publicitá, 2005.

quanto os meus dois, além da própria filha dela, Rebeca. Sou muito grato por ter tido, além da minha mãezinha, minhas irmãs na minha história, e é uma alegria fazer essa homenagem a essas mulheres da minha vida.

CONSTRUINDO PONTES

É engraçado pensar, que parte deste livro foi escrita com o auxílio de um telefone. Um aparelho pequeno, leve, tecnológico e muito acessível. Nas décadas de 1970 e 1980, no entanto, telefone era artigo de luxo. Celular ainda não existia, e os telefones que se tinham em casa, além de raros, eram aqueles aparelhos enormes com uma única função: ligar através da voz uma pessoa a outra.

Para comprar um telefone, era necessário comprar uma fração da empresa de telefonia. Existiam filas de espera de mais de cinco anos para adquirir uma linha. E a única pessoa próxima que eu conhecia com telefone era a minha tia Jú, irmã do meu pai, que morava na Zona Sul do Rio de Janeiro. Mas não é porque não tínhamos telefone que as informações não circulavam. Não é porque não tinha telefone que a gente não dava um jeito de se comunicar à distância. Uma das tecnologias mais fascinantes para comunicação que já vi em execução era o espelho, uma técnica desenvolvida e utilizada pelo Dedé, o pai da minha irmã Flávia.

Dedé foi namorado da minha mãe durante algum tempo. Desse relacionamento, nasceu a Flávia, seis anos mais nova que eu. Ele também teve, na ocasião, uma outra filha mais ou menos da mesma idade, a Vânia. Com o tempo, elas cresceram juntas e, particularmente, acho que ambas se parecem muito e lembram muito o pai.

Dedé era casado com a Graça, e também tinha filhos com ela (entre os filhos, a Vânia). Eles moravam em outro morro próximo, num lugar que chamamos de Guindias. Ele trabalhava com consertos de TV, rádio, caixa de som e coisas ligadas à parte elétrica. Muito engenhoso, sempre estava inventando alguma coisa. Um homem bom de que guardo uma boa memória, tanto dele, quanto da Graça. A nossa vida deu tantas voltas, e acabamos com uma história linda para contar.

Sempre que conseguia fazer um dinheirinho nos biscates, o Dedé nos ajudava nas despesas de casa. E, para avisar que tinha um dinheiro para nos dar, desenvolveu essa tecnologia revolucionária. Ele carregava um espelho para o telhado de casa, que ficava a mais de um quilômetro de distância do Morro da Coreia, e o posicionava na direção da nossa casa. Apesar da distância, ele sabia exatamente como fazer, em que direção posicionar o espelho, para passar a mensagem. De lá de casa, podíamos estar sentados fazendo qualquer coisa, mas bastava vermos aquela luz passando na parede que sabíamos que era o sinal para eu sair correndo até as Guindias pegar o trocado que o Dedé tinha para nos dar e comprar comida.

Esse é um episódio da minha infância que não tem como não lembrar. Mais do que a tecnologia do Dedé, ele nos ajudou muito, e era um homem muito bom para a nossa família. Em um período que minha mãe ficou doente, a Graça, mulher dele, mandou que ele pegasse minha irmã Flávia para ficar na casa deles, afinal ela era filha dele também, mas foi além e disse: "Traz também o Kleber, o filho de Maria".

A Graça me dava comida, a mesma que dava para os filhos, eu brincava, dormia, via televisão. Não tinha muita ideia do tamanho da generosidade daquela mulher. Depois que cresci, sempre nutri um carinho por ela e pelo Dedé.

No fim da vida de Dedé, já em outra situação, minha mãe o acolheu junto de Graça, na sua casa, por ser um lugar de melhor acesso, e onde ele poderia ser mais bem assistido. Ficaram lá por um tempinho. Aquela atitude da minha mãe me deu muito orgulho e uma sensação fortíssima de gratidão pelas voltas que o mundo dá. Ficaram a gratidão e as boas memórias de um tempo em que a solidariedade chegava de onde menos esperávamos.

As famílias podem ter muitas configurações, às vezes até mesmo de forma não convencional. Nem sempre dá pra se ter um modelo judaico-cristão, mas precisamos identificar qual a nossa configuração e como podemos experimentar harmonia nesses mosaicos relacionais.

A tradição rabínica sugere que uma das marcas da restauração de um mundo melhor não se dá apenas na conversão dos homens e mulheres a Deus, mas na conversão dos pais aos filhos e dos filhos aos pais. Nesse sentido, é bom lembrar que conversão é convergir, uma capacidade nossa de mergulho nas relações familiares. É claro que nem sempre é possível, mas precisamos saber o quanto, de fato, estamos fazendo essa síntese.

Outro ponto importante é pensarmos: *Minha experiência de fé tem sido a causa de convergir ou divergir?* Dentro de uma mesma família vive-se experiências religiosas diferentes, e a forma como interagimos ali diz muito sobre os papéis que a religião ocupa em nossa vida.

A experiência da fé cristã tem trazido grande contribuição nas organizações familiares, e ninguém pode negar o fato de que ela fortalece esses vínculos. Entretanto, o mundo de alguns cristãos não começa na igreja, e sim nas histórias de família. A conversão não pode me desagregar, mas pode me dar uma nova leitura, um novo olhar sobre como escolheremos nosso modelo de família. É fato que trazemos também, na bagagem das nossas histórias, alguns legados e modelos familiares que nos fazem, na medida do possível, construir pontes onde, por vezes, só existem abismos.

> Muitas vezes, precisamos construir pontes onde só existem abismos.

Natal

"Klebinho, vamos ali cortar esse cabelo, rapaz." O Natal estava chegando, e meu pai já estava, mais uma vez, implicando com meu cabelo. Nunca consegui deixar crescer e fazer um black power maneiro como o dos meus primos. Como um cabelo pode incomodar tanto alguém? Meu pai sempre insistia que eu deveria deixar o cabelo curto, e eu ficava muito brabo.

"Bom dia, João, faz o corte Príncipe Danilo aqui no menino."

Eu detestava esse Príncipe Danilo! Eu queria ficar igual aos Panteras Negras, aos Jackson Five. Vinha ele com esse tal de Príncipe Danilo. Corte curto e batidinho na cabeça, ele dizia toda vez.

Mas a verdade é que cabelo grande para um menino preto, na favela, não só naquela época, mas hoje em dia também, nos faz alvo ainda mais fácil das violências sociais. Lá no Morro da Coreia tinha também o fantasma do Juizado de Menores, imagina só, um preto retinto de cabelo black? Mas, na época do Natal, até valia a pena cortar o cabelo. Eu sabia que o que viria era muito bom, pois quase todo ano meu pai levava a gente para a casa da tia Elisa, e eu adorava ir pra lá.

Eram duas tias, irmãs do meu pai: tia Elisa, que morava em Mesquita naquela época, e a tia Jú, que morava na Zona Sul. Minha tia Jú tinha telefone em casa. Quem na década de 1970 tinha telefone em casa? Minha tia Jurema tinha. A família do meu pai estava em uma lógica bem diferente daquela em que eu cresci. Isso nos dava uma outra cosmovisão.

Natal era época de ir pra casa da tia Elisa, e eu amava. Na favela, ninguém acreditava. Na escola? Pior ainda. Os meninos já diziam logo: "Vai pra onde, neguinho? Tu não tem onde cair morto. Tia no Rio, nada! Você dorme com quatro pessoas numa cama de duas". Não me importava. Eu sabia o que me esperava na casa da tia Elisa.

Para começar, o ônibus que pegávamos. Lembrando que eu morava em São Gonçalo, onde, nessa época, diferentemente da música do Seu Jorge,[17] não tinha ponte para engarrafar. As únicas formas

---

17 SÃO Gonça. Intérprete: Seu Jorge. *In*: CRU. Paris: Naïve Records, 2004.

de sair de São Gonçalo e Niterói para o Rio de Janeiro ou cidades da Baixada Fluminense era por barca, atravessando a Baía de Guanabara, ou dando a volta, e era esse último que fazíamos. Para isso, entrávamos em um ônibus de viagem, com ar-condicionado e poltronas confortáveis. Eu me sentia grande.

É interessante pensar em como eu amava a Coreia. Amava a proteção daquele lugar, onde eu me sentia acolhido. Eu amava a conexão que eu tinha com cada beco e cada rua, mas ansiava para ver o mundo do lado de fora. As possibilidades de um mundo novo e gigante que o asfalto e saneamento básico proporcionavam. As idas à casa da minha tia eram a possibilidade de encarar um outro mundo, um mundo muito mais confortável e cheio de informações disponíveis para serem absorvidas.

O Natal em família era uma comemoração gigantesca. A casa da tia era grande, com piso no chão, paredes pintadas e banheiro. Parece uma descrição de uma casa normal para você? Para mim, naquela época, era algo de outro mundo.

Dentro da minha realidade, alguém que morou em casas de madeira, com um cômodo pequeno e chão de terra, ter um sofá confortável e uma televisão para ver desenhos era muito bom. Além das comidas, o armário da minha tia, para o Klebinho daquela época, parecia uma prateleira de supermercado. Aqueles que nós nem entrávamos, mas víamos do asfalto. Era só estender a mão e pegar um biscoito, aquele gosto doce de farinha e baunilha, um manjar dos deuses para o paladar de um moleque de 6 ou 7 anos.

Encontrar com meus primos era outra alegria de ir passar os Natais em família. Eles me recebiam muito bem, o Ubiratan e o Leandro, que eram mais velhos do que eu. Já eram jovens rapazes, mas me deixavam brincar com seus brinquedos, andar de bicicleta e ver desenho na TV deles, até cansar. A casa da minha tia Elisa tinha muitas expressões religiosas. Esse lado da família tem uma espiritualidade negra muito forte. Ubiratan, meu primo, foi batizado com o nome do Caboclo Ubiratan, e depois ele foi o responsável por seguir com a religiosidade tão viva de minha tia. Me lembro muito ativamente da grande imagem do Caboclo Ubiratan que eles tinham em casa, além de uma imagem de São Jorge, parte da experiência de fé da nossa família.

Meu primo Leandro, depois de mais velho, se converteu ao cristianismo, como aconteceu também comigo, mas algo na conversão do Leandro atingiu diretamente aqueles Natais em família. Ele nunca mais dançou com a gente, nunca mais sorriu como antes, até que deixou de estar presente entre nós. Sem dúvidas, a melhor parte daqueles Natais eram as danças no meio da sala ao som de Gerson King Combo. Todos dançavam as músicas negras de

King Combo, o Soul daquele Rei Black, com destaque para "Jingle black".[18]

> Jingle black, jingle black,
> Hoje eu vou cantar
> Vou dançar e me inspirar
> Ao som do jingle black
> Jingle black, jingle black,
> Hoje eu vou amar
> O Deus menino,
> O amor divino vamos adorar.

Para quem não conhece o King Combo, vou apresentar brevemente o grande Gerson: homem negro, cantor de soul e funk numa época em que o ritmo ainda tinha uma pegada sulista estadunidense. O homem andava sempre bem trajado, por vezes com uma capa preta de camurça e um chapéu arrumado na cabeça. Cavanhaque e bigode bem aparados, aquele "homão". As músicas de King Combo falavam de resistência negra e comportamento Black. Era um processo civilizatório negro em forma de versos, mexendo corpos e almas em prol de fortalecer a cultura Black.

---

[18] JINGLE black. Intérprete: Gerson King Combo. *In*: JINGLE black. Rio de Janeiro: Polydor, 1977.

As danças na sala da minha tia me encantavam. Ver meus primos com seus belos cabelos black power, os mesmos que eu nunca pude ter, era hipnotizante. Reascendia energia de acolhimento, fraternidade, amor e era uma magia forte que me conectava com eles. Eu queria uma vida em que pudesse reunir aqueles Natais da minha infância.

Gerson King Combo faleceu em 2020, mas não sem antes gravar sua última música, que dialoga com toda sua carreira e o mundo em que estamos vivendo. Intitulada "Tira esse joelho daí",[19] denuncia o racismo e relembra o assassinato de George Floyd, nos Estados Unidos, e cada pescoço negro que é pisado e violentado por uma crença na superioridade da raça branca.

Aqueles Natais com a família de meu pai faziam parte de um ritual de resistência e movimento que marcaria minha vida para sempre.

PEQUENOS DETALHES

Durante a infância, me lembro que estudei um pouquinho lá no morro com uma educadora que dava aulas de reforço escolar e alfabetização de

---

[19] TIRA esse joelho daí. Intérprete: Gerson King Combo e Getúlio Cortes. *In*: TIRA esse joelho daí. Independente, 2020.

crianças, jovens e adultos. O nome dela era dona Mercedes. Ela era bastante rigorosa e respeitada por se dispor a ensinar. Tenho poucas memórias desse tempo, mas o suficiente para, hoje, entender o papel social que aquela mulher exerceu na vida de muita gente ali.

    Me lembro também de um episódio que me marcou muito. As cadeiras da sala de aula da dona Mercedes eram todas pra destros, e eu tive muita dificuldade em escrever, mas, de tanta insistência dela e um certo corretivo, fui me adaptando. Ela tinha uma régua de madeira que, quando usada, doía um pouco. Anos e anos se passaram e, já com 37 anos, fui fazer aula de música com a professora Linda Bustani em Botafogo. Logo no primeiro momento, ela percebeu algo ao me ver tocando e me fez algumas pouquíssimas perguntas: "Você escreve com a mão esquerda?". Eu respondi que não e que era destro. Então, ela me fez outra pergunta: "A sua primeira escola lá no morro tinha cadeiras para canhotos?". Imediatamente, levei um susto e me dei conta de que não. Ela tocou carinhosamente no meu ombro, deu um leve sorriso e me disse: "Era pra você ser canhoto. Você pensa como canhoto, toca como canhoto e tem todas as características de canhoto, mas te proibiram de ser canhoto. Isso era muito comum naquele tempo, e as correções eram tão violentas e traumáticas que muitos tentam esquecer".

Foi como se a revelação bombástica da professora Linda Bustani tivesse aberto uma barragem dentro de mim. Tive uma crise de choro tão forte que precisei sair da aula direto para a terapia. Me lembrei de que levei algumas batidas fortes na mão esquerda, aplicadas para correção do "erro" de ser canhoto. Por um tempo, escrever era um problemão pra mim. Infelizmente, são esses "pequenos detalhes" sociais que são capazes de paralisar toda uma história de vida.

ESCOLA ESTADUAL PAULINO PINHEIRO BATISTA

Passado algum tempo, fui estudar na Escola Estadual Paulino Pinheiro Batista. Era uma escola lá do bairro que atendia várias comunidades ao redor, e também a muitos alunos que não eram das favelas. Lá, muitas vezes, aquela comida servida na merenda era nossa única refeição do dia, tanto minha quanto a da maioria dos alunos. Meu pai sempre deixava um pãozinho com mariola ou umas duas bananas que o senhor Nico, um velho vendedor de uma quitanda no pé da favela, me dava, mas era a escola que garantia nossa nutrição. Eu comia naquela escola como se não houvesse o amanhã.

Me recordo também de alguns nomes de professoras do Paulino: Giselda, Maria Amélia, professora Penha, que nos dava aula de reforço, e a professora Paula. Ah, a professora Paula! Eu fui apaixonado por todas elas, mas a professora Paula conseguia me encantar. Linda, linda, linda! Também me lembro de ficar de castigo na secretaria da escola algumas vezes por causa de bagunça no desejo de chamar a atenção dela.

Outra lembrança que tenho é de uma professora chamada Aurora, uma senhorinha já de bastante idade, com uma voz rouca e baixa. Ela era uma apaixonada professora de música da escola e nos ensinava através de muitos gestos. Eu simplesmente adorava as aulas dela. Engraçado como o caminho da música chegou pra mim de vários lugares, inclusive através da escola pública, que ocupa, nesse lugar de memória, um papel muito importante e muito decisivo na minha história.

As vivências boas e ruins que tive e a presença da família, tanto a de sangue quanto a da comunidade, foram muito importantes para o desenvolvimento da pessoa que me tornei. Neste mundo, sempre dependemos uns dos outros, e muitas vezes do poder público para termos alimento tanto para o corpo quanto para a alma. A música que aprendi lá na escola teve um impacto imenso na minha vida. Às vezes, precisamos nos agarrar a oportunidades que surgem dos lugares mais improváveis, e elas costumam nos levar bem longe.

Nem sempre seremos autorizados a ser quem queremos ser. O importante é estarmos atentos às oportunidades que o Universo nos apresentar para conseguirmos nos libertar.

O crescimento do meu mundo

Sempre fui um garoto carismático, criativo e sonhador. Eu, com 7 ou 8 anos, como a maioria das crianças, amava futebol e jogava todos os dias no campinho da Coreia. Não era simplesmente jogar bola; eu amava. Uma das primeiras oportunidades que tive se deu quando uma família veio morar no pé do morro.

Seu Jorge e esposa tinham filhos, e um, chamado Kleber, mais ou menos da minha idade, era muito bom de bola. Um dia, uns amigos ali do campinho de várzea, perto do lixão, me disseram que uma família havia se mudado e tinha um filho bom de bola. Já apelidaram logo ele de "Klebinho Branco".

Foi a primeira vez que vi um Fiat 147 novinho. O Seu Jorge tinha uma força nos olhos que expressava o desejo de fazer o bem. Certo dia, ele estava passando, abriu a janela do carro e disse pra gente: "Eu quero ajudar vocês". Nunca me esqueci daquele momento. Ele não era um homem religioso, mas alguém consciente de que tinha um pouco mais do que todos nós ali da comunidade, e estava decidido a fazer alguma coisa que pudesse mudar aquela realidade.

Ele quis muito ajudar aquela gurizada dali perto do lixão, e isso me incluía. Deu bola pra gente, uns brinquedos e muitos conselhos. Por alguma razão, fui me aproximando dele e da família. Aos domingos, eu quase sempre ia pra casa deles, via televisão e jogava bola no quintal. Foi ele quem me levou pra jogar no Clube 5 de Julho, no Barreto, um bairro entre São Gonçalo e Niterói. O nome do time era Sá Pinto, e o sr. Araquem era o técnico.

Todos os domingos eu ia de carro com eles. Além da oportunidade de fazer "uma viagem" toda semana, era também a primeira experiência que eu tive de ver o mundo fora do morro onde eu tinha nascido. Uma experiência nova pra mim, cheia de possibilidades. Meus olhos se abriram pra uma coisa que eu não sabia muito bem o que era, mas que me soava como saída pra uma vida melhor pra mim e minha família.

Sei que aquele movimento parecia, para algumas pessoas amigas lá do morro, demais pra mim, e a maneira que encontraram para me atingir era me desprezando. Algumas vezes, ouvi que eu era interesseiro. O fato é que, ao mesmo tempo que ia sendo aberto um caminho novo pra mim, com 8 ou 9 anos de idade, parecia que a Coreia ia ficando pequena. Um novo desenho se formava diante dos meus pequenos olhos.

Por mais que doesse estar num lugar de maioria de garotos brancos, com gente que morava no asfalto, por mais que em um primeiro momento eu não me reconhecesse naquele ambiente, ali se mostrava uma chance de eu ver e de ter um lugar ao sol. Meu pai nos fez sonhar com o Rio de Janeiro, as coisas e lugares que ele experimentou, mesmo que tenha sido como "empregadinho de madame", como ele sempre falava. Foi uma oportunidade que ele teve e, nos contando, nos enchia de utopia, da mesma maneira como os esperados Natais com a família dele. Seu Jorge foi, para mim, a chance de pôr meus pés no asfalto e me mostrar o caminho. Muita gratidão por isso!

Nenhuma das palavras que eu ouvia querendo me parar foram maiores que as minhas ambições, e em momento algum essas palavras me fizeram frear o desejo de conquistar mais para a minha vida. Pareciam as brigas que no campo do pé do morro serviam apenas para me dar mais vontade de seguir em frente e continuar traçando meus dribles até o gol.

Estar ali, naquele mundo da disputa, me preparava para outros desafios que encararia na vida.

Eu não tinha como adivinhar o futuro, mas havia uma voz dentro de mim que ia guiando meus passos. E era essa voz, essa certeza, que me fazia voltar a cada dia para o campo, a cada dia para a escola, que também fazia parte desse mundo da disputa e de batalhas, que me fazia querer ir além do espaço do Morro da Coreia.

E com você? Muitos de nós têm uma noção distorcida das coisas, e precisamos de alguém que nos mostre que é possível mudar, que nos mostre experiências que do contrário não teríamos a oportunidade de viver. É difícil sairmos de uma situação em que não há muita esperança, e muitas vezes isso acontece porque o entorno e a nossa família de lá não ajudam muito, e até mesmo dificultam o processo. É preciso ter sabedoria para filtrar o que ouvimos. Quem foi o Seu Jorge da sua vida?

MORRO DA COREIA

A Coreia foi o meu lar durante toda a primeira infância. Era naquelas ladeiras que eu me sentia em casa. Mesmo que nossa casa fosse, de fato, quase sempre, em muitos lugares ali. Não que, ao sair de lá, a realidade de pobreza e muita carestia tenha mudado. Morei até os 16 anos em casas sem banheiro. Sabe esse conforto tão básico de ter um vaso sanitário e um chuveiro quente? Muita gente se surpreenderia de saber quantas pessoas, ainda hoje, vivem sem banheiro em casa.

O Morro da Coreia era um lugar peculiar naqueles anos das décadas de 1970 e 1980. Não havia instituições externas ao morro. A instituição que havia era a própria comunidade. Para exemplificar, existiam uma dezena de terreiros de candomblé e umbanda, desde o alto do Morro do Zumbi até o asfalto da rua principal, e duas igrejas Assembleia de Deus. Tanto as igrejas quanto os terreiros faziam parte da comunidade, davam base aos cuidados e aos tratos, cumprindo também um papel social.

Como afirma Muniz Sodré, os terreiros são, *também*, espaço religioso, porém, não apenas.[20] E era exatamente o que via naquela época na Coreia. Os terreiros eram a base de organização daquele morro. Os valores de comunidade, auxílio mútuo e respeito partiam dos espaços de vivência, cultura, política, artes, educação e de religião.

Tinha um casal no alto do morro que várias vezes na semana descia acompanhado pelos filhos. Me lembro que tinha um mais ou menos da mesma

---

20 SODRÉ, M. **O terreiro e a cidade**: a forma social negro-brasileira. Rio de Janeiro: Mauad X, 2019.

idade que eu, e aquela família me chamava bastante atenção. Os meninos ficavam nos olhando de longe, pois sempre que passavam perto do campo, indo para a igreja, nós estávamos jogando bola e, às vezes, de propósito, eu jogava a bola para eles, que a pegavam e devolviam. Eles viviam, de certa forma, isolados. Não podiam jogar bola por causa da doutrina e costumes da igreja, que proibia até mesmo que brincassem ali com a gente. Era uma maneira de os pais mantê-los na igreja e de tirá-los daquele ambiente que se mostrava tão sem futuro. É fundamental entendermos esse papel social que as igrejas também cumprem nas comunidades. Eu achava estranho o fato de eles não estarem próximos do resto de nós, mas nunca houve reprimenda nem violência por parte deles. Havia um grande respeito.

A sensação que eu tinha era de que, tanto no ambiente dos crentes lá do morro quanto na comunidade dos terreiros, todos faziam parte da minha vida. Eles me alimentavam e me cuidavam sempre que necessário, além de me livrar do assombro do carro do Juizado. Eu era mesmo uma criança que aprendeu a estar sempre atenta.

Não havia igreja católica na Coreia, o que possivelmente se refletia também na grande presença de pessoas não religiosas ali. Quando nascia um membro novo na comunidade, o batizado era feito quase sempre em algum terreiro ou na igreja católica do bairro Barro Vermelho. Todo mundo que era batizado tinha padrinhos e madrinhas dali mesmo, fortalecendo ainda mais esses laços familiares. Esse era o cenário religioso e institucional que conheci na Coreia.

Com os anos, essa realidade foi sendo modificada. A violência do tráfico de drogas foi entrando, o poder paralelo foi estendendo seus tentáculos e transformando aquele lugar em um ambiente cada vez mais complicado. Mas, além disso, outras igrejas também foram chegando. Saímos da favela na carga de uma Kombi, com as poucas coisas que tínhamos. Foi mais um momento difícil pra nós, mas uma mudança que transformou tudo.

MORRO DO CAVALÃO

Algum tempo depois, nos mudamos para o Morro do Cavalão, em Icaraí, bairro nobre de Niterói, e logo fui trabalhar. Assim, comecei também a ajudar em casa. Apesar de ser um menino, ainda criança, fui forçado a crescer. Trabalhava todos os dias na casa de uma senhora chamada dona Ana, na Alameda Paris, perto da Estrada Froes, na subida do Cavalão. Meu trabalho era limpar o quintal, cuidar das plantas e do cachorro. No tempo vago, eu ia jogar bola no campo da favela. Fiz novas e boas amizades, mas também conheci pessoas com atitudes diferentes daquelas que aprendi serem corretas.

Meus valores nunca mudaram, por mais que as influências fossem negativas. Nunca abandonei a educação e o senso de certo e errado que havia aprendido. Não querer decepcionar minha mãe e meu pai sempre foi a motivação constante para me manter longe de coisas ruins. Porém, sabemos que a adolescência é um período confuso da vida, e pra mim não foi diferente.

Eu era um jovem que já trabalhava, tinha meu próprio dinheiro, que, diga-se de passagem, não dava para muita coisa, mas me permitia ao menos ir em bailes e festinhas com os colegas. Nessas festinhas, as drogas, as bebidas alcoólicas e o cigarro eram frequentes. Eu nunca usei nenhuma droga, por respeito aos meus pais e medo de me perder, mas estava ali, sempre sendo rodeado por esses problemas.

Os perigos, no entanto, eram muitos. Muitos de meus colegas já estavam se envolvendo com drogas que, além de usar, começavam também a vender. Subiam o morro para pegar maconha e pó para os playboys de Icaraí. Um trocado aqui, um tênis novo ali, mulheres, carros, armas. Todos os apetrechos básicos para um jovem sem grandes esperanças para o futuro se perder do bom caminho. Eu tinha esperança de uma vida melhor e seguia convicto de que aquilo não era vida para mim.

Certo dia, em uma ocasião muito chata, houve um assalto na casa onde eu trabalhava. Eu não tive nada a ver com o acontecido, mas a dona Ana me demitiu por saber que eu era do Cavalão. Ela não me acusou de nada, mas a desconfiança foi inevitável. Eu frequentava os bailes, estava nas mesmas rodinhas, mas nunca fui além dessa linha imaginária, que é fácil de ser transpassada.

Com o tempo, eu já circulava fora do Cavalão, mas quase não voltava mais na Coreia. Adolescente, ficava mais com os amigos que fiz na escola Paulino Pinheiro Batista e os amigos do futebol. Não que as disputas tenham acabado, mas nessa época os laços de amizade foram sendo estreitados, interesses em comum, a presença das meninas, as festinhas e a vontade de curtir a vida.

Havia, no entanto, um buraco em mim, uma ausência que nada curava, era daquele sentido de comunidade que, de certa forma, era também a saída da infância e inocência para as angústias da adolescência. E tudo isso agravado pelo medo de me perder junto com amigos que estavam indo de mal a pior. A vida estava passando por mudanças drásticas, assim como eu, e era cada vez mais urgente que eu encontrasse um caminho melhor. Eu ainda ouvia a voz falar dentro de mim, mas o medo estava sublimando progressivamente a minha certeza.

Na vida, é mais provável que nos encontremos, e lembremos, mais de mulheres como dona Ana do que de homens como Seu Jorge. É preciso ter fé e força para não deixarmos que atitudes ruins se enraízem na nossa vida e nos levem a tomar decisões erradas. Não é porque crescemos em um certo ambiente que seguimos o mesmo caminho que os outros. Foi bom ver, ainda pequeno, que as coisas podiam ser melhores e diferentes, que havia esperança.

Nada na vida é definitivo, mas é preciso estar atento e se manter fiel às suas crenças para alcançar a mudança que você tanto deseja. Não se esqueça: é fácil se perder no caminho porque as tentações estão por todos os lados.

Minha conversão ao cristianismo

Na adolescência, me vi cercado por amigos, todos como eu, jovens e confusos. E estava se tornando rotina vê-los "se perdendo" nas drogas e no tráfico. No Morro do Cavalão, fui um jovem com medo, me sentia sem rumo ao ver meus amigos indo por caminhos que eu não gostaria de trilhar.

Tínhamos um amigo que estava sempre nas festas. Com o passar do tempo, ele foi se distanciando, até que sumiu. Era bastante comum, infelizmente, o sumiço de alguns jovens na minha adolescência. Às vezes, sumiam porque os pais tiravam da favela pra morar na casa de um parente com melhores condições de vida e, vendo o caminho que os filhos estavam percorrendo, achavam melhor mudar o ambiente.

Outros sumiços se davam pelo envolvimento no crime e, de alguma forma, por dívidas, desafeto ou qualquer outra circunstância em que alguém vinha cobrar, e o que se cobrava era a vida, e ninguém mais podia encontrar a pessoa.

Por fim, alguns sumiços eram por conta da conversão numa igreja evangélica, e esse foi o caso do meu amigo. Algum tempo depois, ele reapareceu todo arrumadinho, vestido de camisa social, calça de brim. Cabelo cortado, roupa de rapaz sério e uma Bíblia embaixo do braço. Esse meu amigo era um novo homem, convertido, e respondia com convicção: "Eu encontrei Jesus!".

ICARAÍ, NITERÓI, 1985 – IGREJA DE NOVA VIDA

Depois de ver a vida daquele amigo de São Gonçalo, que achávamos que estava perdido, mas que foi para a igreja, eu e mais uns outros amigos pedimos para conhecer aquela igreja. Ele nos levou, então, a um prédio em Icaraí, onde aconteciam as reuniões do grupo jovem de que ele participava.

Logo que chegamos naquele apartamento, notei a presença de pessoas que já conhecia e com quem tínhamos jogado futebol: o Cláudio (Borracha) e o Renato. A Bené também estava lá, uma menina que eu conhecia do Colégio Manoel de Abreu, ali perto do Campo de São Bento, em Icaraí. Eram pessoas queridas, e eu fui recebido com muito acolhimento. Era isto que eu procurava: um lugar, uma comunidade onde me sentisse protegido.

Logo depois dessa primeira reunião, decidi que precisava me afastar um pouco dos grupos com que eu tinha amizade e nos quais via perigo de me perder para um mundo de oportunidades duvidosas e de violência. Entrei para a igreja. Assim, voltei a estudar, tinha mais tempo e tranquilidade, aprendi a tocar violão, o que mais tarde se mostrou oportuno com os rumos que minha vida estava tomando.

A Igreja de Nova Vida em Icaraí tinha como líder o pastor Reginaldo Melo, que me batizou. Nós éramos um grupo pequeno, acredito que não mais do que oitenta membros, o que tornava o lugar ainda mais aconchegante. Tínhamos um louvor incrível, dirigido pelo próprio pastor Reginaldo; a organista era a Maria Alice e, depois de um tempo, chegou um baterista querido, acredito que o nome dele é Roberto Carlos. Melhorou ainda mais!

O pastor Reginaldo sempre incentivava o trabalho da música. Em certo momento, contratou o maestro Geraldo, que vinha do Rio pra ensaiar o musical *O Nome*, que apresentamos numa ocasião muito especial e inesquecível também. O pastor Reginaldo adorava vinho. A eucaristia era sempre com vinho, nunca com suco de uva. Sempre me recordo de ter visto que, nos dias da ceia, alguns irmãos iam à frente, levando os dízimos e as ofertas acompanhados de uma garrafa de vinho pro pastor. Eu achava linda aquela cena.

O vinho nunca foi um problema para a Igreja de Nova Vida. Para o bispo McAlister, nunca foi uma questão, mas também não se fazia apologia à bebida. Quem quisesse, poderia beber; os que não se sentiam à vontade, respeitavam os que bebiam. Essa foi minha lição desde o começo da minha fé. Eu sempre bebi vinho normalmente desde que fiz 18 anos. Para alguém como eu, a quem o vinho sempre foi visto como uma experiência sagrada, assusta ele ser mal-visto hoje e chamado de perdido.

Foi o pastor Reginaldo quem, ao perceber o meu talento musical, me fez uma proposta. Eu trabalhava muito, inclusive aos domingos, numa pizzaria chamada Mão na Massa, na rua Gavião Peixoto, em Niterói. Não conseguia ir para a igreja no começo, e o pastor, vendo que eu queria tocar violão, propôs o seguinte: "Você quer aprender a tocar violão, e a igreja não tem como pagar alguém para cuidar das coisas aqui. Vou deixar você tocar o violão da igreja, e você pode usá-lo quando quiser. Mas com uma condição: você vai precisar voltar a estudar".

Aquela foi uma conversa pastoral de que ninguém ficou sabendo, somente ele e eu. Voltei pra escola, que havia largado por causa do trabalho, e aprendi a tocar violão. Foi tempo suficiente pra conseguir um emprego mais tranquilo para ter tempo de estudar e ir para a igreja.

Outra paixão do pastor Reginaldo era a juventude da igreja. Éramos poucos, mas muito unidos. Eu fazia parte de uma ala mais conservadora daquela juventude, era uma loucura. Eu estava recém-convertido e, por causa de um amigo doutrinador (de uma outra igreja), passei a ficar muito radical. Como todo adolescente, eu era ambíguo por ser apaixonado demais pelo nosso grupo. Íamos para a praia de Icaraí todas as sextas-feiras e cantávamos nos luaus que fazíamos, sempre nos encontrávamos nas casas pra estudos bíblicos e, naturalmente, queríamos fazer tudo juntos. Tudo que fazíamos era totalmente apoiado pelo pastor. Foi uma época muito preciosa.

O Luciano era o líder da juventude, e foi por causa dele que meu amigo Carlinhos decidiu entrar para a igreja. E eu, vendo meu amigo, fui também. Ele era um jovem cheio de sonhos, carismático e com muitas convicções. Tinha um forte desejo de ser pastor e estar à frente da igreja. Foi ordenado diácono, mas, por alguma razão, o pastor Reginaldo nunca o ordenara pastor.

Com o tempo, a liderança e o propósito dele foram inviabilizados na Nova Vida. Ele saiu, e boa parte da juventude foi junto. Eu também fui, muito embora, hoje, eu acredite que teria feito de outro jeito. Sempre achei que minha decisão de sair com ele foi errada; o pastor Reginaldo sofreu muito com nossa saída. Acho que fiquei pouco mais de um ano e meio lá até que me mudei pra Goiânia. Sem saber, essa mudança transformaria a minha vida para sempre.

UM POUCO DE HISTÓRIA DO AMBIENTE DAS IGREJAS NO FINAL DA DÉCADA DE 1980

O movimento das chamadas Igrejas Históricas no Brasil, como as batistas, metodistas, presbiterianas e congregacionais, tinha menor influência na sociedade, muito embora tivesse um importante papel na transição Império/República no Brasil. Entretanto, eram vistas com muito preconceito, chamadas de seitas, não tinham muito reconhecimento enquanto religiões e sua relevância social era baixa. Apesar de ser laico, o cenário ainda era de um Brasil católico.

De igual modo, no começo do século XX, floresceu no cenário nacional o Movimento Pentecostal, importado a partir de experiência estadunidense com o Avivamento da Rua Azusa. Esse movimento é reconhecido como o estopim do pentecostalismo, porém, por ser considerado muito pouco ortodoxo em sua época, sofreu muita retaliação. Por ter pouca popularidade, não contava com muita influência midiática nem com representantes na política, e logo perdeu a força.

O Movimento Neopentecostal, que foi ao que me converti, tem em sua história dois grandes braços. Um é no Rio de Janeiro, e aconteceu a partir da Igreja Nova Vida, fundada pelo bispo Robert McAlister, de onde saíram grandes nomes como R. R. Soares, Miguel Ângelo, Edir Macedo, entre outros, oriundos dessas megaigrejas. Elas surgiram no final da década de 1970, mas ganharam maior visibilidade nos anos 1980, e causaram uma verdadeira revolução no cenário das igrejas evangélicas no Brasil.

E, mesmo sem o reconhecimento da grande mídia, essas igrejas faziam um trabalho de base nas periferias, suprindo, enquanto Movimento Cristão, o espaço deixado pelos católicos, que se concentravam nos principais centros das cidades. Embora inicialmente a Igreja Nova Vida não atingisse as periferias, os "seus filhos" migraram para lá, empregando a mesma performance que a sede fazia nos grandes centros. Com trabalhos de exorcismos, evangelização em massa, grandes eventos, a igreja iniciou um trabalho midiático, chegando ao rádio e à televisão. Pouco depois, a Universal do Reino de Deus fez o mesmo movimento, mas em proporções infinitamente maiores.

Com essa movimentação midiática, chegam empresários, pastores, artistas, engenheiros, arquitetos, músicos, políticos e líderes que viam, nesse nicho crescente, uma oportunidade de grandes negócios. Gente que passou a ver nesse movimento uma missão e um negócio lucrativo também. Esses dois pontos se confundiam entre: a missão do negócio e o negócio da missão.

Muitos empresários começaram a enxergar na explosão das igrejas evangélicas um campo de negócio rentável, e se converteram a essas igrejas. Assim, começaram a realizar um trabalho de mídia mais contundente para esses lugares atingirem as massas. Não que não houvesse antes o trabalho com a mídia, muito pelo contrário, toda a história dos evangélicos no Brasil é pautada através de mídia, e mesmo entre os evangélicos históricos, como os batistas, isso pode ser visto.

Os batistas, por exemplo, começaram sua missão no Brasil vendendo bíblias. Salomão Ginsburg fundou jornais, organizou o Hinário Batista, uma forma de evangelização, mas também um modelo de negócio para manutenção da obra de Deus, da família dele e da sua própria existência.

Enfim, essa coisa de negócio e missão se confunde muito ao longo da história das igrejas evangélicas no nosso país, mas, a partir da década de 1980, o movimento começa a tomar mais volume. As concessões de canais de televisão, com programas diários, programas nas rádios, estações inteiras de rádio, trouxeram ainda mais visibilidade a todo o processo. Essa é uma ponta do braço das igrejas neopentecostais, partindo da Nova Vida para seus filhotes: Macedo, R. R. Soares, entre outros.

Eu mesmo participei do movimento da Nova Vida, uma comunidade que tinha rádio e que dominava também essa mídia, que se tornou um embrião de algo muito grande, que é o movimento evangélico. Participei, também, do movimento conhecido inicialmente como o da Comunidade Evangélica, outra ramificação dos evangélicos chamados neopentecostais, surgida nas décadas de 1960-1970, mais ou menos no mesmo período da chegada de Robert McAlister, fundador da Nova Vida.

Três centros de efervescência dos movimentos das Comunidades Evangélicas no Brasil inicialmente foram: Porto Alegre, São Paulo e Goiás, os principais. Essas comunidades nascem com a chegada de missionários, vindos principalmente do sul dos Estados Unidos, que traziam um elemento novo: o movimento de louvor e adoração. O que começava a ser visto a partir daí, e isso foi importante para o movimento, não foi mais a presença de um hino, cantado por um coral e acompanhado por um regente, mas toda a igreja passou a cantar hinos ou louvores congregacionais. Inicialmente, os hinos ou louvores eram traduzidos, mas depois de um tempo, já na década de 1980, passaram a ser substituídos por cânticos de composição brasileira.

O movimento cresceu nesses três principais centros, onde músicas e letras dos cânticos passaram a ser feitas por compositores brasileiros. Via de regra, por pastores e líderes de louvor das igrejas. Os cânticos congregacionais funcionavam em uma dinâmica diferente da tradicional: passou a haver um dirigente de louvor, e todo mundo cantava junto. Foi uma revolução para a música gospel no Brasil, pois ela foi ganhando essa cara de congregação, de grande multidão, de popularidade.

Vale a pena ressaltar que, nos dois braços do movimento neopentecostal no Brasil, o elemento chamado Louvor e Adoração teve grande relevância no sentido da propagação e expansão desse seguimento.

A partir disso, quando alguém sabia tocar minimamente um violão, logo aprendia alguns cânticos e começava a cantar nessas comunidades.

Para além delas, o movimento se estendeu aos pequenos grupos, chamados células. Grupos familiares, que são coletivos pequenos, cantando as mesmas músicas das sedes. Goiânia foi protagonista nisso, pois não só tinha produções nesse novo caminho da música gospel, como também uma escola preparatória e pioneira para esse perfil. Estando na igreja da Nova Vida, depois passando ao movimento das comunidades evangélicas, havia uma referência para essa formação de líderes, que estava em Goiânia.

O (DES)EQUILÍBRIO

Quando, aos 17 anos, eu me converti, passei uns dois anos muito mergulhado somente nas coisas da igreja. Eu realmente achava que precisava desse tempo pra rever minha vida e entender melhor o meu caminho. Dentro dessa ideia, concluí que não deveria me envolver mais com as coisas do mundo: parei de jogar bola, de vestir bermuda, de usar calça jeans, pois era coisa muito moderna. Seguia o modelo de crente, mais padrão recém-convertido, que tinha como referência. Passei a fazer parte de grupo de evangelização da igreja, visitava hospitais e saía para evangelizar na rua, na praia e em outros lugares. Fiquei completamente imerso na igreja e me distanciei bastante da minha família.

Essa família, que sempre foi meu esteio e minha base, continuava a existir: os encontros familiares, as reuniões entre minhas tias, irmãs do meu pai, e agora a família que minha irmã Cátia tinha construído também, com filhos e o casamento. A família continuava se encontrando, e eu também, mas eu agora estava crente. Isso mudava a minha forma de interagir, de me integrar à família, de participar das relações, que mudaram novamente depois de uns três anos da minha conversão, quando eu já estava morando em Goiânia. Longe da família, me dei conta de que nada mais era importante que aquele chão de pertencimento.

É muito comum, em diversos casos de conversões, que a igreja ocupe o lugar da história familiar. O modelo de certos movimentos e de certas lideranças é capaz de absorver quase que completamente a vida do convertido, com ensinos doutrinários do discipulado cristão, treinamentos práticos, cultos longos que chegam a ocorrer quatro vezes por semana, seminários, retiros, encontros. E, para além de tudo isso, o novo convertido tem outras ocupações, como trabalho, estudos e relacionamentos.

Mesmo entendendo a organização dessas comunidades, fora as obrigações de cada membro, os familiares vão perdendo espaço para a fé, o que acaba dando uma cara nova para esses recém-convertidos. Infelizmente, existem situações em que essa estrutura de vida gera verdadeiros rompimentos nas relações familiares de base. Isso me faz lembrar também de como era triste ver alguém da minha família cada dia mais afastado, distante e irremediavelmente triste, o que me fez pensar sobre a necessidade de equilibrar essas relações.

GOIÂNIA, 1986

Logo que recebi um convite para conhecer a Escola de Formação de Líderes, fui para Goiânia e me apaixonei completamente pela proposta daquele lugar. Lá, não apenas fazíamos parte de um grupo que cantava na igreja, mas de um preparatório para um movimento realmente explosivo no Brasil. Grande parte do cancioneiro gospel nacional das décadas de 1990 e de 2000 emergiu de Goiânia. Era um lugar de fomento, e muitas pessoas de diversas partes do país iam estudar lá. Eu já estava no caminho da composição, e para mim foi o lugar de maior identificação.

Conheci Goiânia pela primeira vez em 1986. No ano seguinte, servi no Exército e, logo depois de dar baixa, decidi ir de vez para Goiânia, com o objetivo de entrar nessa escola. Cheguei lá no dia

2 de janeiro de 1988. Nos primeiros dois anos e meio, fiz a formação de líderes, e continuei morando na cidade.

No total, passei nove anos em Goiânia, que foi uma grande ascensão para mim. Eu, criado no Morro da Coreia, saído de lá em condições humilhantes junto com a família, que recebeu refúgio no Morro do Cavalão em Niterói, menino que dormiu em esteira de junco até os 18 anos, que morou em barracos, muitas vezes sem a mínima condição de salubridade, estava alçando voos maiores.

No primeiro momento, o pastor da congregação de Niterói, de que eu participava, não concordou com minha ida para Goiânia. Como um pastor neopentecostal, a ordem era imbuída de poder, o "não vá" desse homem deveria ter sido o suficiente para eu não ir mesmo, mas eu insisti, firmei pé de que iria, e fui.

Desde o começo, desde quando ainda estava "muito crente", nunca fui um cristão que obedecia cegamente. Ser quebrantado significava seguir ordens, por vezes com intenções equivocadas, de homens que não representavam o Deus que eu sentia falar dentro de mim. Esses homens seguiam, muito mal, o Deus que eles interpretavam, da maneira deles, nas escrituras. E eu não deixaria de seguir o caminho que estava sendo apontado para mim, pela espiritualidade e, em última instância, por Deus.

Estar em Goiânia, naquele lugar de ensino, era mais que me preparar para um ministério ou para a liderança: era a oportunidade de aprender mais sobre aquilo que eu tanto almejava e sabia do meu sacerdócio, do verdadeiro ministério.

Os anos que passei lá me prepararam como músico e como compositor, como pastor, mas nem por um instante me prepararam para o tipo de proposta que com o tempo aquele ambiente se tornou. Quando cheguei, tudo era muito lúdico: a paixão pela adoração e o louvor, o desejo de estar juntos e compartilhando o que entendíamos ser o Reino de Deus. Nós morávamos juntos numa comunidade, comíamos juntos, orávamos e cantávamos juntos. Nos trabalhos pastorais, o mais importante para nós era realmente o cuidado com as pessoas, com os pobres, com os periféricos.

Havia uma deliciosa despretensão! O santo ofício era, de fato, o que nos movia. Aquilo chamava atenção da sociedade e das igrejas já institucionalizadas. Éramos jovens. Os dois pastores principais, por exemplo, tinham menos de 30 anos. Apaixonados e apaixonantes. Era quase um movimento subversivo, no sentido de denunciar estruturas religiosas voltadas para os interesses exclusivamente da instituição, e menos para os pobres. E esse mesmo movimento foi crescendo e despertando novos interesses.

Eu me lembro exatamente do dia em que estávamos numa reunião de lideranças, em 1991, quando o pastor chegou e disse: "Se ficarmos nessa proposta de comunidade, não vamos chegar a lugar nenhum. Enquanto estamos aqui louvando e adorando, ensinando às igrejas do Brasil como elas devem fazer pra ter o que nós temos, e não ganhamos nada com isso, o Edir Macedo tem rádios, televisão, está construindo templos e entrando na política. Nós estamos adorando e treinando líderes de graça, e o Macedo está ganhando o Brasil". Ele ainda fez a seguinte declaração: "A partir de hoje, vamos mudar radicalmente nossa proposta. Quem quiser ficar comigo vai precisar fazer parte do 'Exército de Davi' que estou formando, porque eu não quero ficar pra trás nessa história".

Esse dia ficou marcado como o início público de uma construção que vinha sendo nutrida no propósito daquela liderança. Anos se passaram, e aqueles líderes realmente alcançaram quase tudo que propuseram: templos, rádios, televisão, tecnologia. Pra trás ficaram os pobres, a arte, as belas músicas, a paixão. O que era devoção e serviço se tornou um grande projeto de poder e um dos maiores tentáculos da teologia da prosperidade.

No meu coração, naquele mesmo dia, rompi completamente com o movimento neopentecostal das comunidades evangélicas, muito embora minha saída tenha se efetivado em 1997, pois passei alguns anos colaborando em alguns eventos, quando convidado. Enquanto lugar de pertença e propósito de vida, deixou de ser pra mim naquele dia em 1991.

Também em Goiânia, eu tive a primeira experiência de vida e morte da fé. Eu tinha a romântica convicção de que aquele lugar era tudo o que eu acreditava sobre o Reino de Deus. Eu estava romanticamente decidido a fazer qualquer coisa para que aquilo não parasse, mas se expandisse e se tornasse um tição fumegante de esperança, de fé e de serviço de presença profética na história. Como quase toda a construção daquela visão estava pautada na lógica do Velho Testamento, eu dizia que queria parte do Exército do rei Davi, que era uma metáfora daqueles líderes encantadores.

Estar em Goiânia me formou como liderança de uma igreja que nunca me viu como alguém capaz de ocupar um cargo, de fato, como liderança. Minhas músicas eram boas, mas eu, nem tanto. Havia em mim aquela parte, aquela "micropartícula" de mim que me incapacitava para qualquer cargo de liderança: minha negritude.

E, por falar em ser negro, foi em Goiânia também que me dei conta de que eu, realmente, sou negro. Além do contato com livros, em obras sobre ser negro no cristianismo e sobre a história do cristianismo no sul do Estados Unidos da América, outro ponto tornou bem evidente e palpável o fator racial que me deixava aquém do que esperavam os líderes e o pastor da congregação em que eu estava.

> Permita que Deus e a fé façam parte da sua vida, mas não perca de vista os seus valores e as suas crenças. Fé e Deus são coisas totalmente diferentes de obrigação, e você não precisa seguir nada se sentir que uma doutrina não coincide com as suas crenças e com os seus valores.

Casos de famílias

Assim que cheguei em Goiânia, na Escola de Líderes, eu conheci a Mabeni, minha primeira esposa e mãe dos meus dois filhos. Doce, educada e cristã, de uma família tradicional de Goiás. Logo nos tornamos amigos, e acho que ela gostava do meu jeito de ser, questionador e cheio de dúvidas, apesar de ser tão diferente do jeito dela.

Aprendi com meu pai e minha mãe a ser um rapaz responsável e educado. Aprendi a ser honesto, falar a verdade e dar valor ao meu discurso. "A palavra de um homem é tudo o que ele tem", me diziam. Esses eram os meus valores de berço, junto, é claro, de muito amor e respeito aos mais velhos e à família. Tais valores ainda seguem sendo caros ao meu íntimo. É preciso dizer que, apesar de serem valores éticos e bons, não são valores suficientes para um rapaz cristão.

Quando começamos a nos aproximar, eu já sabia dos desafios da nossa relação: eu era muito pobre, criado em favela, preto e vindo do terrível Rio de Janeiro, visto por muitos de fora como um lugar cheio de criminalidade e bandidos, estereótipos que eu ouvia bastante. A Mabeni era uma jovem do interior de Goiás, de uma família mais estabilizada, que teve fazenda e tinha uma expectativa de futuro melhor pra ela. Morava com a irmã numa casa que refletia bem o tipo de vida que tinham: uma vida confortável.

As primeiras reações do pai da Mabeni ao saber sobre mim e minhas pretensões com a filha dele foram xingamentos e ameaças: "Se aquele crioulo aparecer aqui, eu vou dar um tiro na cara dele". Mabeni, apesar de delicada e sensível, sempre soube se fazer de forte e resistente. Não aceitou, nem por um minuto, a postura de seu pai contra mim. Ficou ao meu lado e seguimos juntos.

Certa tarde, eu estava trabalhando na igreja-comunidade em que congregava, quando percebi uma movimentação do lado de fora. Entraram alguns familiares da Mabeni no gabinete do pastor, em nome da família, que se mostrava bastante preocupada com o nosso relacionamento, e chegaram a conversar com o pastor: "O senhor precisa fazer alguma coisa", "Esse garoto vai destruir a vida da nossa filha", "Ele vai levar ela pra morar na favela no Rio de Janeiro", "Ela é uma menina de família direita, ele está fazendo a cabeça dela", "Pastor, o senhor, como líder desta igreja, não pode permitir uma coisa dessas", "Deus não está agradado com essa união". Eram preocupações, por um lado reais, uma vez que eu realmente não tinha nada, a não ser o sonho obstinado de dar certo na vida.

Fui levado para uma sala, para não ser visto pelos familiares que estavam ali falando com o pastor. No entanto, consegui ouvir a conversa e me senti muito mal com aquela situação carregada de "zelo", mas extremamente preconceituosa, repleta de racismo e rejeição. Alguns amigos também ouviram e tentaram me acolher. Porém, a experiência foi muito ruim. Eles estavam ali também preocupados com o pai, que estava furioso comigo.

Pouco tempo depois, o pai da Mabeni veio a falecer. Passados alguns dias, a família me recebeu em casa e, aos poucos, foram aceitando nossa decisão de ficar juntos. Nunca fomos grandes amigos, mas passaram a me tratar de forma um pouco mais respeitosa.

Com o tempo, comigo trabalhando numa lanchonete, e a Mabeni numa clínica, fomos comprando umas coisinhas de casa, ganhamos outras de amigos da igreja e finalmente nos casamos, em 1991. Fomos morar na periferia de Goiânia, nos fundos da casa de um casal da igreja, o Valdevandes e a Mirtes, que foram muito generosos conosco. Depois moramos nos fundos da casa do Lucas e sua família. Tempos depois, fui chamado pra trabalhar na igreja, cuidando de muitas áreas, e lá fiquei até nos mudarmos pra Brasília.

TENSÕES

Não foi somente no casamento que me deparei com desafios a serem vencidos. Algumas tensões eram inevitáveis na minha relação com o movimento pentecostal, neopentecostal e até mesmo com algumas igrejas chamadas históricas. Muitos pastores são quase sempre os donos das igrejas e de seus rebanhos, eles têm a autoridade espiritual para agir tanto nos assuntos administrativos quanto nos assuntos litúrgicos, usando o argumento de que fazem isso em nome do próprio Deus.

Nesse modelo de gestão pastoral, existe um grande controle sobre a comunidade. É o pastor quem diz quais serão os pastores auxiliares que farão parte do seu chamado presbitério; além disso, sua equipe de administração e gestão precisa concordar 100% com ele e com suas decisões. É ele quem reconhece e diz quem está "cheio do Espírito Santo" ou quem está apto a atuar na comunidade e quem não está "autorizado" a atuar no ministério. É o pastor quem reconhece se você terá ou não unção para atuar na igreja.

A unção é um ato litúrgico de untar com óleo, que tem como intenção o empoderamento de líderes para o exercício espiritual de curar pessoas, empoderar, libertar de males, abençoar, disciplinar e lançar desafios financeiros e de serviços voluntários segundo apresentado pela gestão do pastor. Por vezes, essa unção representa, para muitos, uma autorização também para exercer controle e manipulação dos fiéis.

O líder ungido fala, e todo mundo quase sempre obedece. Essa unção costuma se relacionar objetivamente com o seguimento desse líder, ou seja, uma denominação tem o seu líder ungido, e espera-se que toda liderança daquela denominação respeite essa unção. Imagine um polvo que tem uma cabeça com vários tentáculos e cada um desses tentáculos se move a partir da cabeça. Pois é, numa igreja, com alguns pastores, a coisa funciona mais ou menos assim.

Nem sempre a unção de um líder de um seguimento evangélico será reconhecida por outro seguimento evangélico. Essa é uma das razões de existirem muitas denominações protestantes e evangélicas no Brasil. Quase todo líder de denominação é um tipo de "Papinha" do seguimento, e é evidente que há um crescente movimento hierárquico que também é fruto desses patamares. Para além disso, se tornaram comuns no Brasil as ordenações de bispos e apóstolos, também de bispas e apóstolas, que enfatizam exatamente a posição de poder e relevância pleiteada por tantos.

Eu sempre fui resistente a essas regras, e resistente ao lidar com esse tipo de pessoa autoritária. Sempre fui visto como um rebelde para determinadas lideranças espirituais e para esse paternalismo em que a maioria das pessoas é submissa diante da mensagem dos líderes, que, em síntese, é: "você precisa se submeter". Ser chamado de rebelde nunca foi um problema pra mim, pois sempre fiz perguntas e, quando não tinha respostas, eu questionava. Mas ser questionador nesse ambiente não é legal.

Para eles, os líderes daquele ministério, os meus questionamentos e a minha rebeldia eram o espírito do mal, era um tipo de "satanazinho" que morava em mim e que precisava ser exorcizado. E tal exorcismo se dava com as tarefas mais corretivas: lavar o carro do pastor, engraxar seus sapatos, capinar seu quintal, dar banho nos cachorros, ficar de vigia em sua casa enquanto ele tirava férias, buscar diariamente os jornais a pé numa distância de quase dois quilômetros, entre outros serviços. Alguns diziam ainda: "Isso aí é essa coisa do morro que não saiu de você. Você precisa ser liberto".

Ninguém conseguiu me "libertar" da minha própria liberdade. Uma liberdade prisioneira nunca foi a minha. Apesar de ser visto como rebelde e "endemoniado", eu sempre fui carismático e necessário às comunidades que integrei. Quando eu cantava, envolvia a igreja toda; quando eu pregava, a igreja sempre respondia de maneira muito positiva. Mas eu era o rebelde, aquela ovelha perdida que não se submetia, e alguns até me diziam: "Você tem problemas de rebeldia com a autoridade espiritual".

Essa era a minha pecha. Hoje, eu adoro pensar que essa minha rebeldia também me ajudou a chegar até aqui. Essa minha inquietação era uma certeza maior, um direcionamento que é muito anterior a tudo aquilo. A minha pecha foi também o meu escape.

O PARADOXO

Não gostavam da minha personalidade, mas amavam minha música, dessa eles gostavam! Minha música era boa, meu carisma era bom, e eu ainda era uma fonte de renda para a igreja. Desde as publicações de fitas cassete, discos de vinil, CDs, congressos pagos, entre outros, que eram muito interessantes para o negócio da missão e a missão do negócio. Isso sem falar dos eventos feitos para tantos políticos de

Goiás, que acabavam beneficiando a igreja e os próprios políticos.

Era exatamente assim que eu era visto: o rebelde que precisava ser subjugado, mas que fazia louvores excelentes que rendiam recursos e retorno financeiro.

É evidente que em qualquer relação humana existem trocas de interesses e interações culturais, e não foi diferente comigo. Havia algo ali que, de alguma maneira, fortalecia minha ambição. Não foi uma ingênua relação de exploração. Eu via uma oportunidade de, naquele lugar, viabilizar sonhos e pretensões, mesmo conhecendo pouco ou quase nada de um futuro que mexia comigo. Eu entregava o meu talento e carisma enquanto firmava meus pés sobre o chão da minha própria história.

> Nunca deixe que sua liberdade de escolha seja colocada em xeque; permita que sua liberdade seja libertada. Valores são inegociáveis e, quando questionados, você deve usar a situação a seu favor – caso lhe seja interessante – para alcançar o que deseja.

Crescendo no processo

Eu fiquei em Goiânia de 1988 a 1996, e nesses oito anos, escrevi dezenas de músicas. Muitas cantávamos na comunidade, algumas eu perdi, outras se perderam. E de algumas, infelizmente, não recebi pelos créditos. Já em outras canções minhas, o pastor tirou meu nome e pôs o dele. Foram assinadas pelas mesmas autoridades espirituais que não concordavam com minha forma de viver e de me portar no mundo. Era mais ou menos uma relação análoga à do patriarca hebreu, Jacó, com o seu sogro, Labão.[21]

---

[21] Gênesis 30 e 31.

Jacó era filho de Isaque e neto de Abraão, sobre quem havia uma promessa de ser rico na terra.[22] Na linha sucessória, Jacó, numa trama de família, traiu seu irmão gêmeo, Esaú, que supostamente assumiria o legado do pai e do avô.[23] Jacó significa "o suplantador", nome dado pelos próprios pais ao vê-lo nascer agarrado no calcanhar do irmão, sendo quase que uma profecia sobre seu destino. Jacó passaria boa parte da vida às voltas com falcatruas.

Aconteceu que ele havia fugido do pequeno povoado de Beersheba, partindo para Harã, fugindo de seu irmão, que o jurara de morte, por ter lhe dado uma volta, roubando-lhe o direito de primogenitura.[24] Chegando a Harã, Jacó (que era Jacó) encontra Labão, seu futuro sogro, que conseguia ser pior do que ele nas relações escusas. Os capítulos 29, 30 e 31 do Gênesis narram essa trama que parece ser o espelho do que se estabelece no mundo dos negócios e, por vezes, nas teias familiares de muitos, e que de alguma maneira perpassa o caminho de espiritualidades e suas incertezas. O quanto o mal é o mal pra sempre? E como as peças do tabuleiro da

---

22 Gênesis 17.
23 Gênesis 25:19-34.
24 Gênesis 28:10.

vida também desenham o rosto dos Esaús, Jacós e Labãos que nos habitam?

Recentemente, recebi na minha casa a visita de um desses líderes, me pedindo "perdão" por ter gravado músicas minhas e nunca ter acertado. Ele me disse que estava sem dinheiro e que não tinha como acertar comigo. As músicas em questão tocam até hoje por ser uns dos "carros-chefes" de sua carreira artística. Ainda hoje ouço músicas que escrevi e que carregam o nome de líderes que trocaram meu nome ou que nunca acertaram comigo. E o pior é que, para essas pessoas, eu sou o mau-caráter e rebelde. Entretanto, reconheço que foi também ali, naquela feira de ilusões, que aprendi a ser barraqueiro e vender meu próprio peixe, conseguindo uma pesca maravilhosa. Quando vi o jogo de poder escondido por trás daquele voal de ilusões, entendi que eu também teria que interagir, ser menos inocente e menos metafísico.

METAMORFOSEANDO

Meu tempo em Goiânia me fez me afastar fisicamente do meu lugar de origem, tanto de São Gonçalo (onde nasci) quanto de Niterói (onde morei até os 18 anos), e me afastei dos meus amigos e familiares. Me afastei também da inocência dos primeiros anos na igreja que havia se mostrado pra mim tão ideal naquele primeiro momento. Foi um corte natural do ponto de vista do distanciamento geográfico, mas eu também percebi algumas coisas a mais.

Eu percebia que, a cada enfrentamento que eu tinha, algo em mim se enrijecia. Que cada vez que precisei entender o jogo do poder, que cada desafio, cada luta, cada vez que fui roubado, violado no meu direito, que cada derrota, me fizeram ver que eu precisaria fortalecer a mim e ao meu posicionamento. Nisso, começou a surgir uma outra pessoa em mim. Aos poucos, eu ia saindo da casca da adolescência e do lúdico e me tornando um homem de enfrentamentos e de resistências. Ia aprendendo que a estrada seria longa e o caminho estreito; tão estreito que em alguns momentos só caberíamos eu e Deus. Eu teria que lutar muito pra avançar e crescer:[25]

> Estou subindo, pra um lugar mais alto.
> Eu já queimei as pontes com o passado
> E os meus olhos, vejo o futuro...
> Tudo novo se fez, tudo novo se faz
> E dessa estrada eu não
> Me desvio nunca mais.
> Vou avançar eu vou crescer...

---

[25] MEU alvo. Intérprete: Kleber Lucas. *In*: MEU alvo. Rio de Janeiro: MK Music, 2009.

SEM DIVÃ NÃO DARIA

A terapia serviu-me de suporte pragmático para as mudanças necessárias. Era um confronto semanal de um menino que fora criado numa casa com três mulheres de personalidade forte (que precisaram ser fortes) e proativas, que atendiam todas as demandas da casa (incluindo as minhas). Estar numa arena com leões vorazes e nada compassivos exigia de mim uma atitude e postura para as quais eu estava completamente despreparado.

Além disso, foi uma época de rever e ressignificar cenas do passado que insistiam em se repetir no presente, me fazendo viver e reviver em looping momentos traumáticos dos quais não houve saída. A terapia me levou a romper as fronteiras de uma realidade profunda de sentimentos de incapacidade, de medo, de certeza absoluta da minha inabilidade. Era um tipo de convivência avassaladora comigo mesmo.

Me lembro de inúmeras vezes estar deitado em casa, coberto dos pés à cabeça, sem querer me levantar por achar que eu não conseguiria dar conta de viver. Era um mergulho num mundo de fantasias onde eu conseguia fazer tudo aquilo que eu jamais faria no meu mundo real. Sei exatamente as batalhas que travei comigo mesmo durante muitos anos, no sentido de sair das prisões das camadas abissais da minha alma.

Ainda hoje, luto contra uma timidez absurda. Uma sensação estranha de que não vou conseguir, não vou dar conta. Aquela velha certeza de ser sempre fraco e incapaz. Com um pouco do velho Jacó em mim, que, mesmo tendo mudado o nome para "Príncipe",[26] por vezes ainda se via como "aquele que não tem força"; que, mesmo tendo vencido em tantas coisas, não venceu a si mesmo; que, mesmo tendo conquistado o mundo, ainda tinha a própria alma perdida e perturbada. Todavia, assim mesmo, insisto em caminhar, e o processo terapêutico que me acompanha até hoje tem sido fundamental pra mim. Um dia de cada vez.

Costumo dizer que me sinto um guerreiro que tem muitas cicatrizes; algumas ainda sangram, entretanto, e apesar de cada uma dessas marcas, ainda estou de pé.

> Se na vida não tenho direção
> E preciso tomar decisão
> Eu sei que existe alguém que me ama
> Ele quer me dar a mão...[27]

---

26 Gênesis 35:10.

27 DEUS cuida de mim. Intérprete: Kleber Lucas. *In*: GRANDES encontros MK 30 anos, volume 2. Rio de Janeiro: MK Music, 2017.

No fim desses oito anos morando em Goiânia, chegou um convite para eu gravar meu primeiro CD, vindo de caminhos que não passavam pela liderança daquela igreja. Tal convite não foi visto com bons olhos pela liderança, que entendia que, com essa oportunidade de voar, eu estaria saindo daquele espaço ilusoriamente delimitado por eles para mim. Era a hora de cortar aquele estranho cordão umbilical.

A oportunidade gerou em mim muita alegria, mas também um estranho sentimento de desamparo e solidão. Uma sensação terrível de saber que minha hora de voar havia chegado e que eu não poderia mais contar com as mãos perversas de uma liderança esmagadora, mas que ainda balançavam o meu berço.

OS VISIONÁRIOS

Gravei um CD de apresentação do meu trabalho através de uma singela doação feita por um grupo de amigos queridos que me incentivaram muito a ter o meu próprio trabalho musical. Aquelas pessoas foram visionárias. Conseguiam enxergar o que, para mim, ainda era difícil ver do lugar em que estava.

Anos se passaram, e sempre faço uma leitura do movimento daqueles jovens empresários. Incrível como um pequeno gesto solidário é capaz de revolucionar a vida de pessoas da periferia. Pessoas que precisam só de uma atençãozinha para ver a própria vida e a de seus familiares e a dos que estão ao seu entorno se transformar, e tudo devido a um ínfimo movimento no jogo, um que foi capaz de causar uma revolução sistêmica.

O investimento feito por aqueles jovens empresários não foi maior que o valor de um fim de semana com amigos, mas, para mim, foi a grande virada da minha vida e da minha trajetória. Sou muito grato por esse gesto, e procuro sempre estar atento para perceber o quanto minha posição de privilégios, hoje, pode também ser libertadora para a vida de muitos. Na verdade, tenho algumas boas histórias de auxílio a novos talentos, e é sempre muito bom vê-los voando por aí.

O jovem que movimentou outros jovens empreendedores para a realização do meu primeiro CD se chama Moacir Jr., uma pessoa ávida por realizações, de mente inquieta, sempre buscando melhorar o mundo. Ele vivia andando comigo, e eu o amava. Passou a vida toda, mesmo longe por questões geográficas, sempre perto do coração. Me recordo de inúmeras vezes em que eu estava cantando em algum lugar e o via de longe, segurando no colo o Raphael, meu filho. A morte recente do meu querido

"MoJu", por questões de saúde, me deixou muito triste, e o mundo órfão de mais um sonhador.

Depois que gravei o primeiro CD demo (demonstração), passei a cantar em algumas igrejas de Goiânia e redondezas. Começou a dar muito certo, e a gerar muito desconforto com os líderes; por isso, decidi que me mudaria para Brasília. Eu sabia que ficando em Goiânia, ainda que tivesse autonomia com um CD de músicas inéditas (e que já estava tendo uma boa repercussão na cidade, recebendo convites pra cantar em pequenos eventos de outras igrejas, além de eu começar a ganhar um dinheirinho independente da comunidade), só aumentaria os conflitos com a igreja a que eu pertencia. Eu tinha decidido seguir meu próprio caminho, não queria confusão.

FACA AMOLADA

Minha última conversa com o pastor foi extremamente difícil. Primeiro, porque eu sabia que ele estava profundamente contrariado com os meus movimentos. E, segundo, porque ele estava ouvindo e vendo que estava dando muito certo, o que o deixou furioso. E, terceiro, porque, ao saber da minha decisão de ir embora para Brasília, percebeu que tinha perdido completamente o controle sobre mim.

Eu havia marcado data e hora pra conversarmos e, para a minha surpresa, quando cheguei à sede da igreja onde conversaríamos, fui barrado na porta por dois seguranças do pastor que me disseram que eu não tinha mais permissão para entrar ali. Em seguida, chegou o pastor auxiliar, reiterou o que os guardas haviam dito e acrescentou que eu "não tinha onde cair morto e que era pra eu voltar pra favela de onde eu havia saído, porque ali não era mais o meu lugar". Eu, então, me virei e saí bastante abalado com tudo aquilo: tinha sido proibido de pisar naquele local. Estava lá havia oito anos, participei de todos os processos daquela comunidade, era conhecido e querido por toda a igreja (exceto, aparentemente, pelos líderes).

O pastor, não satisfeito por ter me esculachado através de terceiros, quando me viu saindo para a rua, autorizou a minha entrada, e eu fui pensando que talvez as coisas ficariam mais amenas.

Quando entrei no gabinete, eu não imaginava que sairia de lá com uma palavra de poder vaticinando terríveis maldições sobre a minha vida. Mas foi o que aconteceu. Entrei como cantor, compositor e pastor, tendo atuado por oito anos em todas as áreas daquela comunidade de fé, em Goiânia, cidade que tanto amo, e saí como um amaldiçoado que, segundo as profecias dele, nunca seria conhecido no Brasil e que nunca mais faria nenhuma música depois daquele dia, em 1996.

Ainda bem que eu conhecia o amor de Deus por mim, e sabia que "maldição sem causa não virá".[28] Aquilo passou, e aqui estou eu, com centenas e centenas de músicas feitas, milhões de álbuns vendidos, e a certeza de que ter escrito esta música foi quase que um prenúncio para toda a minha trajetória: "Sobre a tua vida, meu irmão, não vale encantamentos".[29]

O pastor levantou a voz pra mim e disse o seguinte: "Eu amaldiçoo a sua vida! Vou fechar todas as portas para você, no mundo físico e no espiritual. Você nunca vai ser conhecido no Brasil! Ninguém vai conhecer o seu nome! Você nunca mais vai fazer música, nenhuma música. Porque todas as músicas que você fez, foram feitas debaixo da minha autoridade espiritual e minha unção. Eu fecho o céu sobre a sua cabeça. A partir deste dia, você está amaldiçoado".

Aquilo me cortou a alma! Descrente, respondi que não acreditava que ele estava sendo usado por Deus, o Deus da vida. Também disse que eu acreditava que se ele, de fato, estivesse cheio do Espírito Santo, que ninguém conheceria meu nome e eu nunca mais faria uma música, mas se Deus estivesse

---

[28] Provérbios 26:2.
[29] JEOVÁ é o teu cavaleiro. Intérprete: Kleber Lucas. *In*: RENDEI graças. Goiânia: Independente, 1996.

comigo, ele não era ninguém pra me parar. Por fim, lhe comuniquei que eu ia embora para Brasília do mesmo jeito.

Saí de cabeça erguida daquela sala, enquanto ele pegava um pesado telefone de mesa para ligar para outros pastores e dizer para que ninguém me convidasse. Minha saída firme escondia o pavor que eu sentia por dentro. Eu tinha acabado de ser amaldiçoado por um homem poderoso, não só por sua autoridade no espiritual, mas por seu poder político e religioso deste mundo em que estamos.

Saí de Goiânia com grande tristeza! Durante um bom tempo, quis esquecer aquele lugar que inicialmente parecia uma utopia possível. Era um misto de sentimentos, pois ali eu havia experimentado encanto e desencanto, fé e crise de fé, força e fraqueza. Mesmo sabendo que precisava sair daquele espaço e que um futuro, muito embora incerto, era melhor que a certeza de permanecer numa relação abusiva de poder. Por isso, eu fui. Com medo, mas fui assim mesmo.

BRASÍLIA 1997, QUEBRADO PELA PRIMEIRA VEZ

Vivi em Brasília por quase dois anos, entre 1996 e 1998. Foi um período de muita dificuldade, porque lá no Distrito Federal eu ainda era desconhecido.

O custo de vida era bem maior do que em Goiânia, as rádios ainda não conheciam meu trabalho solo, também não era conhecido nas igrejas de lá e não tinha amigos.

O dinheirinho que comecei a ganhar em Goiânia me proporcionou dar entrada num financiamento de um apartamento desses populares. Financiei também um Gol zero, que me daria a possibilidade de viajar vendendo CDs e cantando nas igrejas. Era minha embrionária visão empreendedora. Comprei um terreno em Niterói em dez prestações, onde sonhava construir uma casa.

Com o passar dos meses, eu estava totalmente descapitalizado, com dívidas intermináveis, e o desespero bateu à minha porta. Eu estava quebrado, com o nome sujo na praça, devendo desde aluguéis a condomínios atrasados, postos de gasolina e supermercado. Não tinha dinheiro pra nada.

No desespero mais absoluto, peguei empréstimo com um agiota e, quando não consegui pagar, além de me ameaçar de morte, ele me questionou dizendo: "Você não disse que era crente? Como é que você diz que ora, e Deus não te responde?". Aquilo me cortava o coração.

Um tempo depois, fiquei sabendo que aquele agiota era cristão. Ao fim, precisei entregar meu carro na Volkswagen, num acordo que fiz. O apartamento que comprei em Goiânia, entreguei num acordo também. Naqueles dias, fiquei sem dinheiro pra nada mesmo. Lembro que a Mabeni foi pra Goiânia passar uns dias na casa da irmã, que era uma maneira de aliviar um pouco a pressão, uma vez que não tínhamos nada em casa pra comer.

Certo dia, saí de casa meio sem destino, desesperado como só quem já passou por isso pode entender, e, de repente, parei ali na Esplanada dos Ministérios. Era um fim de tarde, e comecei a chorar muito com o coração apertado. Eu só me lembrava das palavras do pastor me dizendo que tudo tinha acabado pra mim. Fiz uma simples oração dizendo: "Deus querido, você sabe exatamente como está o meu coração e o desespero da minha vida, que está quebrada. Por favor, me dê uma direção, eu não sei o que fazer, todas as portas se fecharam pra mim, e só conto com o seu amor". Fiquei em silêncio por uns três minutos, peguei o violão que estava no banco de trás quando, de repente, abri a boca e comecei a compor essa que é a maior música da minha trajetória:[30]

> Eu preciso aprender um pouco aqui
> Eu preciso aprender um pouco ali

---

[30] DEUS cuida de mim. Intérprete: Kleber Lucas. *In*: DEUS cuida de mim. Rio de Janeiro: MK, 1999.

Eu preciso aprender mais de Deus
Porque Ele é quem cuida de mim

Se uma porta se fecha aqui
Outras portas se abrem ali

Eu preciso aprender mais de Deus
Porque Ele é quem cuida de mim

Deus cuida de mim
Deus cuida de mim, na sombra das Suas asas
Deus cuida de mim, eu amo a Sua casa
E não ando sozinho, não estou sozinho
Pois sei Deus cuida de mim

Se na vida não tenho direção
E preciso tomar decisão
Eu sei que existe alguém que me ama,
E Ele quer me dar a mão
Se uma porta se fecha aqui...

Gosto de enfatizar que a força dessa música não está no poder de um homem de fé, mas no de um homem profundamente vulnerável e perdido, um homem à procura de um milagre e de uma direção. "Deus cuida de mim" é a história de todos nós que eventualmente nos sentimos fragilizados diante dos mares bravios que jogam o barco da nossa existência de um lado para o outro, sem nenhuma certeza de que as coisas poderão mudar.

Tenho ouvido desde então dezenas e dezenas de histórias de vida que seguem o enredo dessa minha música. Gente que perdeu tudo, que quis se matar e foi salva pela mensagem de "Deus cuida de mim"; gente que na sala de cirurgia apagou com a anestesia cantando "Deus cuida de mim"; casamentos restaurados, livramentos de acidentes, divórcios, dores, saudades, fraqueza, fé. São casos e mais casos de pessoas me dizendo: "Essa sua música foi o lenitivo para minha alma quando eu mais precisei".

> A vida religiosa está longe de ser um mar de rosas. Por vezes nós idealizamos algo que está longe de ser ideal. Há jogos políticos e de interesse por toda a parte, até nos ambientes sagrados, e eles vão corroendo a nossa ingenuidade. Mas não permita que isso o afaste de Deus, que o afaste do primeiro amor. Tenha fé e persista, Deus cuida de você.

Minha família

Sendo eu filho de pais separados, sempre tive, desde cedo, o desejo de ter uma família dentro de uma configuração cristã. Quando fui para a igreja, fiz parte de um grupo de castidade. Dizia-se: "na Bíblia não existe namoro, somente noivado e casamento". Os relacionamentos dentro daquele círculo cristão eram, na maioria das vezes, orientados pelos líderes, que oravam pra saber se tal relacionamento seria ou não da vontade de Deus. Os jovens também eram sempre monitorados por uma líder e um líder sobre os limites estabelecidos dos pretendentes a noivados.

É claro, pra qualquer mínima leitura histórica, que essa doutrina de castidade foi recorrente em diferentes matrizes religiosas, e eu não estava dentro de nenhuma inauguração de fé no Brasil nem participando de uma seita alienada. Era uma visão na qual eu estava inserido, muito embora com rasa experiência de vida.

Quando me casei com a Mabeni, eu tinha 22 anos. Foi meu primeiro relacionamento desde que cheguei à igreja, com 17 anos, e minha cabeça sempre foi acelerada, prospectando um futuro sempre melhor e glorioso. A Mabeni era muito mais pragmática que eu. Enquanto eu imaginava em qual país do mundo abriria uma igreja imensa, na qual seria reconhecido como um dos maiores pregadores do mundo, ela me perguntava quanto que eu tinha guardado pra pagar o aluguel.

Tínhamos uma vida muito simples. Mabeni trabalhava numa clínica que lhe dava plano de saúde e, por mais que o salário fosse pouco, ela acabava tendo muito mais estabilidade do que eu, que fui trabalhar em vários lugares: desde vendedor de salgado na porta da igreja a auxiliar de serviços gerais, e sempre cheio de vontade de dar uma vida boa pra minha família.

As coisas foram melhorando quando nos mudamos pra Brasília, como já relatei anteriormente, mas logo quebrei e não tinha nenhuma perspectiva de vida por lá. Não achei que devesse voltar pra Goiânia. Estava na hora de arriscar novos voos em outro lugar.

Em 1998, depois de dez anos, retornei para o Rio de Janeiro com a Mabeni e meu filho Rapha, que nasceu em Goiânia. Fomos morar em Santa Rosa, bairro de Niterói que eu já conhecia e achava que seria um lugar seguro pra estar com eles, dentro da nossa realidade. Minha filha Michelle nasceu logo depois, fortalecendo ainda mais o meu sentido de homem de família.

Cheguei ao Rio de Janeiro com o objetivo claro de trabalhar, ganhar dinheiro, sustentar minha família e ajudar minha mãe. Havia assinado meu primeiro contrato com a gravadora MK Publicitá, e tinha expectativa de percorrer meu caminho pra música, depois que percebi que ser pastor já não era mais um desejo do meu coração. Foi quando as coisas começaram a dar certo.

Ninguém sabe quanto tempo de fama terá pela frente, e eu era consciente de que deveria aproveitar ao máximo aquele momento; então, mergulhei nas agendas. Viajando o Brasil todo, cantando, ganhando dinheiro, fazendo grandes eventos. Estava determinado a construir nossa casa em Itaipú, bairro de Niterói. E depois que paguei todas as dívidas que contraí em Brasília, quase todo dinheiro que eu ganhava, investia naquela construção e em imóveis.

As viagens, o dinheiro e fascínio da fama me abriram uma visão de mundo muito diferente, uma que eu jamais havia experimentado. Em um ano, eu estava saindo de Brasília para o Rio, sem nada, totalmente quebrado, com a ajuda de gente que pagou minha mudança de volta; três anos depois, eu já tinha um patrimônio de mais de 1 milhão de reais.

Eu estava conseguindo realizar todos os projetos que havia idealizado como homem de família. Morando numa casa nossa, que construí e decorei com o que havia de melhor. O Rapha estudava numa das melhores escolas de Niterói (a Mi ainda era bem novinha), e eu sempre me esforcei para que não faltasse nada pra minha família. Porém, para mim, nosso casamento estava chegando ao fim.

Foi um turbilhão de sentimentos, culpa, medo de perder meus filhos. A dor de ver meu amor pela Mabeni se reconfigurar e se transformar em outra maneira de amar. Tomei, então, a decisão mais difícil de toda a minha vida: pus fim ao nosso casamento.

Por ocasião da separação, eu me mudei para um apartamento na Barra da Tijuca, que havia comprado e que ainda estava em obra. Fui morar sozinho, em um lugar completamente novo. Tudo o que eu levei coube dentro do meu carro: alguns livros, CDs, minhas roupas e meu violão.

Nessa época, eu não conseguia mais dormir. Eram noites e noites em claro. Confuso, culpado, deprimido. Uma sensação gigante de que estava desfazendo e me esvaziando completamente para então me refazer numa coisa que eu não sabia o que seria. Em muitas noites, eu enchia o tanque do carro e rodava a orla inteira do Rio de Janeiro. Fazia isso tudo, dirigindo, muitas vezes, a madrugada inteira, chorando e pensando na minha vida a partir daquele momento.

Uma pessoa querida, vendo que eu não dormia e percebendo meu desespero, falou: "Vou te dar um remédio que vai te ajudar a dormir". Eu tomei um desses ansiolíticos e, pela primeira vez em meses, consegui dormir dez horas seguidas. Quando acordei, era como se estivesse nas nuvens; sentia uma alegria tremenda por ter conseguido dormir tão bem, como não dormia havia muito tempo. Na noite seguinte, eu dormi, ainda sob o efeito da noite anterior, mas, depois que passou, voltei a não conseguir dormir, e repeti a dose. Dessa forma, vivi sob o efeito de ansiolíticos de 2001 até 2019.

Esse é um assunto caro pra mim, e não gosto de tratá-lo de maneira leviana. É uma realidade que tem afetado milhões de pessoas que, sozinhas, não conseguem dar conta de algumas demandas da vida. Eu levo muito a sério a necessidade de se procurar auxílio clínico hospitalar, de psicólogos e psiquiatras. Faço terapia, sempre oriento as pessoas próximas a mim a procurarem ajuda profissional nos casos de depressão, de luto, divórcio, dependência química e qualquer situação que ponha em risco a vida.

"MEUS FILHOS VÃO TER NOME DE SANTO": RAPHA E MI

O Rapha e a Michelle são as maiores provas do amor de Deus por mim. Eles me curam e me salvam todos os dias. Eu me esforçava o máximo possível para estar presente na vida deles; mesmo trabalhando e viajando por quatro ou cinco dias durante a semana, sempre dava um jeito de levá-los ou buscá-los na escola. Às vezes, saía direto do aeroporto, depois de dias e noites acordado, para dar tempo de lhes dar ao menos um beijo e um abraço e abençoá-los.

Não consegui estar em algumas datas especiais, como em alguns recitais da Mi e em festas da escola. Em outros momentos, eu não estava no dia do aniversário, mas eu sempre dava um jeito de comemorar um dia antes ou depois. A Mabeni foi fundamental nesse processo todo, porque conversava com meus filhos sobre meu trabalho viajando, e isso me aliviava um pouco da culpa por não estar presente sempre.

Outro ponto importante nesse tempo foi a presença da minha mãezinha e da minha irmã Flávia auxiliando a Mabeni, à medida que ela precisava e solicitava. Mesmo eu estando longe, na estrada, elas estavam em todas as atividades dos meus filhos, fosse na escola, no balé, no futebol, no inglês, fosse nas aulas de piano, nas festinhas, no médico, nos recitais... tudo! Essa é uma memória que não posso esquecer.

Minha irmã Cátia também sempre esteve presente na vida dos meus filhos e da Mabeni. Em todas as festas de família eles estão juntos. Não pude participar de muitos desses momentos, o que me doía demais. Às vezes, eu estava pra subir no palco pra cantar, muito distante de casa, e ligava pra vê-los todos reunidos. Desligava o telefone e me acabava de tanto chorar. Essa é uma parte de bastante conflito para a maioria de nós que trabalhamos longe de casa, viajando.

Meus filhos cresceram. O Rapha veio morar comigo aos 16 anos, por sugestão da própria Mabeni, que viu a necessidade de ele estar mais perto. A Michelle veio morar comigo um tempo, pois fazia faculdade na PUC-Rio, e ficaria bem mais perto. Durante a pandemia de covid-19, a Michelle foi ficar com a Mabeni, e eu fiquei com o Rapha. Foi um tempo estranho e assustador pra todos nós. Tive muito medo de morrer ou de perder meus filhos ou minha mãezinha ou a Mabeni.

A terapia me ajudou muito a entender meus processos e a me ver na minha cena familiar de maneira menos fracassada e culpada. Além disso, as conversas que tive e tenho com meus filhos sobre medos e sensação de dívida têm sido fundamentais na saúde da nossa relação. A maneira como a Mabeni orquestrou nossa relação foi fundamental também. Me lembro de algumas vezes nos sentarmos os quatro para falarmos e tratarmos nossos assuntos de família. Sou muito grato a Deus pela vida da Mabeni.

> Esteja preparado para as reviravoltas que a vida dá. Com fé, quando menos esperamos, conquistamos o que sempre desejamos. Mas, para que isso seja saudável, não deixe de lado a sua comunicação com Deus e a sua saúde mental.

MK

Em 1998, eu assinei meu primeiro contrato com a gravadora MK Publicitá. Depois de bater nas portas de todas as gravadoras do seguimento da música gospel e não ser sequer recebido, nunca pensei que teria oportunidade justamente naquela que sempre foi a maior gravadora gospel brasileira.

Eu a procurei no intuito de deixar na recepção, para ser entregue ao responsável por fazer avaliações, o trabalho musical de demonstração que eu havia feito em Goiânia, como já contei aqui. Ao chegar na recepção da gravadora, estavam ali alguns dos grandes cantores e cantoras do momento, aguardando para serem atendidos pela Yvelise, a proprietária da MK. Eu os vi de relance e, por ser naturalmente bastante tímido (muito embora sendo ousado quando preciso), falei baixinho com a secretária, dizendo que estava deixando meu trabalho para alguém avaliar. Fiz isso e já estava saindo sorrateiramente quando tudo mudou.

Uma porta lateral foi aberta, e por ela entrou a Yvelise. Todos ficaram de pé para cumprimentá-la, e eu, que já estava com a mão na porta de saída, dei uma olhada discreta para ver quem era. A Yvelise me viu e perguntou: "Você é o pastor Kleber Lucas de Goiânia?". "Sim, senhora", respondi bastante impressionado por ela saber quem eu era. É importante ressaltar que naquela ocasião não havia tanta comunicação de mídia como hoje em dia.

Eu não sabia quem estava falando comigo e, para a minha surpresa maior ainda, ela percebeu meu espanto e me disse: "Pastor Kleber Lucas, eu sou a Yvelise de Oliveira, a dona da MK, o senhor veio conversar comigo?". De fato, eu não esperava ser recebido por ela; aliás, não tinha pretensão nenhuma de ser atendido por alguém, eu só estava ali para deixar uma fita cassete de demonstração. Mas entendi que era a oportunidade da minha vida. Respondi de imediato: "Sim, senhora".

Ela olhou para todos os cantores e cantoras que estavam aguardando com horário marcado e lhes disse: "Eu sinto muito, mas vocês vão precisar aguardar um pouquinho, porque estou há muito tempo esperando pra conversar com esse pastor". E me convidou: "Pastor Kleber, vamos subir?". Todos me olharam com certa incredulidade e um pouco de desprezo, mas me mantive firme e passei por eles.

Era por volta das 10h40 e, inocentemente, imaginei que não levaria mais do que dez ou quinze minutos de conversa, até porque eu não sabia o que falaria com aquela mulher tão poderosa que conhecia meu nome e que estava querendo conversar comigo. Vi também que havia uma demanda grande de agenda com o pessoal que aguardava na recepção.

Fiquei boa parte do tempo em silêncio, ouvindo mais do que falando e respondendo de maneira bastante comedida. Em determinado momento, ela pediu que eu cantasse algumas músicas minhas. Eu, bastante nervoso e tímido, cantei a primeira, depois me pediu uma outra e depois outra. Ela ficou animada, chamou parte da equipe, me apresentou, e cantei para eles também, que ficaram animados com a empolgação da Yvelise. No final, todos saíram e ficamos na sala, conversando.

Ela me disse: "Sei que o senhor é pastor, Kleber Lucas, que está acostumado com o jeito de trabalho da igreja, porém a MK não é uma igreja. Aqui é uma empresa, e eu gosto de ganhar dinheiro, esse é meu objetivo. Gostaria de fazer uma proposta de negócio com você, que precisa ser bom pra você e bom para a gravadora". As palavras da Yvelise naquele dia soaram como um portal pra mim. Vi uma grande oportunidade de seguir minha oração:

"Se uma porta se fecha aqui, outras portas se abrem ali...".

Conclusão: aquele encontro improvável virou uma chave na minha trajetória. Pensei que não levaria mais do que quinze minutos, e achava que não teria o que falar naquele dia. Após cinco horas de conversas e acordos, saí daquela sala com um contrato assinado, e já se vão vinte e cinco anos!

Minha experiência em Goiânia me distanciou muito do desejo de ser pastor. Por conta disso, fiquei bastante tempo sem direção, pois era tudo o que eu sempre quis ser e o que havia me preparado para fazer. A música chegou para ocupar um espaço vazio e me levou muito além.

Minha história com a MK foi sempre pautada no respeito e nos acordos, e é por isso que deu certo. Desde então, novos acordos foram feitos, e sempre mantivemos o respeito. A gravadora não é uma igreja, portanto não há nenhuma obrigação doutrinária. Tenho uma relação empresarial que se sustenta a partir desses acordos comerciais e do respeito recíproco. Nunca houve conflito sobre meus posicionamentos políticos, especialmente no que diz respeito ao que evidenciou nossas diferenças nos últimos anos.

Os pilares dessa relação sempre foram acordos e respeito. Na MK, nenhum cantor ou cantora foi obrigado a fazer campanhas políticas ou algo que não estivesse de acordo com as próprias crenças. Todos os apoios foram feitos voluntariamente. Da mesma maneira que minha decisão em não subir pra cantar nos eventos dos últimos anos, por não apoiar o governo de 2018-2022, também não foi questionada. Acordos e respeito se mantêm.

Para além dessa relação comercial, a Yvelise se tornou uma grande amiga, com quem aprendi muitas coisas e que me ajudou a crescer bastante na vida. Com ela e com o deputado Arolde, tive oportunidades ímpares de grandes conversas, sorrisos e convergências numa relação construída dentro de nossa casa. Essa memória é muito cara pra mim. Sou grato por essa parte da minha história. Tenho também uma história muito bonita com a Marina de Oliveira, a Luiza, a Cristina, a Andrea, toda diretoria da gravadora e funcionários amigos, cantores, cantoras e banda que me acompanharam ao longo desses vinte e cinco anos.

> Não se desespere se tudo parecer perdido. Lembre-se sempre: quando uma porta se fecha, duas janelas se abrem.

Recomeçando

Após minha separação da Mabeni, em 2001, procurei o máximo que pude ocupar minha mente no trabalho. Eu quase não tinha tempo livre. Além das intermináveis viagens feitas por todo o Brasil e também fora do país, montei um bom escritório que cuidava das minhas agendas e um estúdio de gravação na Barra da Tijuca, perto da minha casa.

Em 2002, conheci a Luciana, através de um amigo em comum. Entre idas e vindas, namoramos por dois anos e, em 2004, nos casamos. A família da Luciana foi uma família que me acolheu muito, desde o princípio. O pai dela, Acir "leiloeiro", era como um pai para mim, uma pessoa incrível. Os irmãos dela eram próximos, e eu tinha um carinho muito grande por todos, e ainda tenho. A gente fazia muita coisa juntos, coisas de família mesmo. Eu ficava dias na casa da família, num sítio próximo ao Rio. Foi um tempo muito legal, que me fez sentir essa relação familiar próxima, de estar agregado e integrado ao seio de uma família.

Esse foi um relacionamento em que eu não quis separar. Ela quem quis. Sempre, toda história tem, ao menos, dois lados. Nossa história não é diferente. Eu tenho minha história, minhas memórias e meus sentimentos, e ela, por razões óbvias, tem a versão dela.

Então prefiro resumir falando que eu queria continuar casado, e ela preferiu seguir a vida. Foi um momento em que sofri bastante, pois eu a amava muito ainda e acreditava que era possível seguir em frente com a família que estávamos construindo. Mas a vida vai se recompondo, e precisamos entender esses processos. Sempre que de um lado levamos uma porrada dessas, de outro lado acontece umas coisas muito boas para nos equilibrar.

Mais uma vez, foi uma época dolorida, em que me vi sozinho. O fim de um relacionamento em que eu sofri muito e em que a fé foi meu suporte. Entretanto, sinto gratidão pelo tempo que estivemos casados. Mais uma vez, fiquei com uma casa grande e vazia, questões burocráticas para resolver e uma agenda de cancelamentos com que lidar. Estava muito mal emocionalmente e, para ajudar, as finanças também não iam bem, ainda mais honrando um acordo judicial.

UM CICLO SE FECHA
PARA OUTRO SE ABRIR

Pouco depois de me mudar para a Barra da Tijuca, eu estava à procura de um espaço pra montar meu escritório. Tinha algumas pessoas trabalhando comigo, e logo foram surgindo outras demandas da KLC, minha primeira empresa.

Um dia, eu estava saindo de casa e, na esquina, vi um jovem de pouco mais de 18 anos, o Rafael Melo, lá da igreja que eu estava frequentando aos domingos, quando não estava viajando. Nós batemos um papinho sobre o trabalho dele, a faculdade, igreja, futebol. Achei o Rafa incrível pela idade, e cabeça muito boa, um jovem cheio de sonhos. Nos encontramos outras vezes e logo o convidei pra vir trabalhar comigo.

Fiz isso umas três vezes até que percebi que ele ficou pensativo, mas sempre argumentava que já tinha um trabalho, e eu respeitava isso nele. Eu realmente senti uma forte identificação com ele. Por fim, conversamos, e ele me pediu um tempo pra organizar sua saída do emprego em que estava, e em seguida veio trabalhar comigo.

O Rafa trabalhou em todas as áreas da minha empresa. Aprendeu tudo, tanto na área de gestão de carreira quanto na parte de produção artística. Em pouco tempo, se tornou o meu braço direito, e em alguns anos, meu sócio. Mais de vinte anos se passaram, o Rafa é empresário em outras áreas, somos amigos verdadeiros e ainda fazemos negócios. Tenho uma grande alegria de ele fazer parte da minha memória. Nos últimos vinte e poucos anos, não houve nada que eu tenha vivido que ele não tenha me acompanhado de perto. Tenho muito orgulho em ver o grande homem que ele se tornou.

O Rafa me ajudou organizar uma grande equipe de trabalho e amigos. Uma fase linda da minha caminhada. Alguns nomes de pessoas queridas que preciso mencionar aqui: Claudio, Carlinhos, Nairzinha (*in memoriam*), Lucas, Ruslan, Mauricio, Donato, Pingo, Estevão, Daniel Tinoco, Ângelo, André, Fabi, Val, Everson, Renata (*in memoriam*), Joelma, Fábio, Duarte, Oderval, Marcão, Levi, Wallace, Natto, Thiago Antonini, Samuel, Denise, Rogério de Castro, Leandro Esteves, Serginho Knust (*in memoriam*), Genésio de Souza, Gilvan, Rapha, Tatiana, Kleynando. Certamente existem outros nomes de pessoas queridas dessa fase. Gratidão a todos.

Eu insisti para ter o Rafa na minha vida, vi potencial nele, sentia que deveria continuar persistindo para que ele aceitasse a minha proposta e viesse me ajudar. Às vezes, a gente desiste quando se depara com o primeiro obstáculo, mas devemos persistir, ter fé, pois, muitas vezes, Deus tem coisas grandiosas nos esperando lá na frente.

MAIS UM RECOMEÇO
PARA O CORAÇÃO

No final de 2011, eu me encontrei com uma mulher incrível que, assim que vi durante um culto na Igreja Batista do Recreio, reconheci de cara. Ela era muito popular no bairro em que morávamos. Aqui preciso pontuar que nessa época eu havia passado por uma mudança na experiência religiosa cristã que praticava: tinha saído do Movimento Pentecostal e estava na igreja batista. Uma Igreja Histórica muito acolhedora que me recebeu de braços abertos quando mais precisei.

Voltando ao momento em que nos aproximamos. Nós nos conhecemos de verdade através de uma amiga em comum, começamos a namorar e logo fizemos planos de nos casarmos. Ela tinha dois filhos, eu tinha dois filhos, éramos da mesma igreja, os dois saídos de dois casamentos; era muita coisa em comum e era mesmo o que queríamos. Um ano depois de começarmos a namorar, nos casamos e os quatro filhos vieram morar com a gente; em seguida, adotamos o cachorro da família.

Ficamos casados por seis anos. Seguimos juntos até 2019 e, por decisão minha, nos separamos. Foi um momento muito difícil. Aquele período praticamente coincidiu com a explosão das mídias digitais, especialmente do Instagram, do Facebook e do

YouTube. Tudo o que se fazia virava notícia nacional, e muitas pessoas nos acompanhavam como novela: o dia a dia da gente malhando na academia, louvando na igreja ou em quaisquer atividades sociais. Por um tempo, o tema principal do mundo gospel virou a separação.

Esse foi o meu terceiro divórcio, e teve grande visibilidade e muito desgaste. Todo mundo ficou sabendo, todo mundo comentou, todo mundo falava que eu tinha me separado. Muitas histórias e opiniões alheias à minha vontade.

Outro fator envolvido na separação era a Igreja Soul.

A IGREJA SOUL

Em 2013, estávamos casados havia alguns meses, e ela veio me avisar de um projeto seu: queria começar a fazer uma reunião de mulheres em casa, um novo grupo de oração com umas amigas. Tudo certo, claro.

Eu viajava sempre, e não via essa reunião. Em um determinado mês, no dia da reunião, eu estava em casa. Enfim não estava viajando, e ela me lembrou da reunião, que seria naquele dia, mas me pediu para que não descesse.

Segui as recomendações, e estava na parte de cima da casa, descansando no quarto, quando ouvi um barulho vindo lá de baixo. Por instinto, desci para ver o que era. Cheguei devagar e coloquei o rosto pelo canto da escada e vi minha sala, que tinha aproximadamente umas dez mulheres orando pelas famílias, casamentos, maridos, ex-maridos, noivos, ficantes. Foi lindo observar aquele movimento.

Essas reuniões aconteceram por mais dois meses, e um dia ela falou para mim que as mulheres estavam pensando em trazer os maridos, os ficantes, os "namoridos", namorados e ex-maridos, e queriam que eu desse uma palavra. Respondi que sim, poderia falar e dar uma palavra, seria um prazer.

Com essa resposta positiva, elas trouxeram os parceiros, e nesse dia tinham mais de trinta pessoas na sala da minha casa. A palavra foi dada. Conversamos, vivenciamos aquele momento e quando terminou, todo mundo já indo embora, os homens começaram a se despedir e falar: "Gostei muito, até semana que vem!". E eu fiquei sem entender o que estava acontecendo. "Estaremos aqui e traremos amigos".

Na semana seguinte, tinha bastante gente chegando. Cada semana que passava, enchia mais, ao ponto de chegarmos a colocar 120 pessoas na sala de casa. Foi chegando gente, enchendo a rua, e, quando eu vi, aquilo tinha tomado proporções inesperadas.

Assim, fui conversar com o pastor Wander Gomes da igreja batista de que éramos membros, lá no Recreio dos Bandeirantes. Fui pedir um direcionamento, e o pastor me respondeu objetivamente: "Você sabe o que é isso, né? É uma igreja que está começando, um ministério, e você precisa saber se vai dar conta de cuidar dele".

Fizemos reuniões na minha casa até não caber mais tanta gente, então decidimos ir para um espaço maior. Começamos a nos reunir em lugares da Barra da Tijuca: desde hotéis a centro de convenções, casas de show, nos espaços que iam se abrindo.

No dia 24 de abril de 2014, nasceu a Soul. Organizada pela Primeira Igreja Batista do Recreio, que esteve presente com representantes da equipe pastoral, administrativa, bem como vários membros.

Desde o começo, foi uma igreja marcada por gente separada e recasada ou que vinha de um histórico que não se encaixaria nos moldes da maioria das igrejas. Essas pessoas eram mais presentes do que outras que também chegavam, e tudo foi acontecendo naturalmente, sempre acolhendo todos que vinham à nossa comunidade. Dando início a um processo muito bonito com muitas histórias lindas na Barra da Tijuca.

A Soul tem, desde o início, um perfil que, além de estar em diversos espaços de acolhimento, é quase itinerante nessa região da Barra. Às vezes, ficávamos mais tempo em um lugar, depois a gente saía para outro, e assim estamos desde 2013 até agora, migrando de um lado para o outro.

Não temos um local definido, pois a região é muito dispendiosa e, talvez pela proposta, nunca crescemos. O número de participantes da igreja também varia muito. Nunca foi uma igreja grande, sempre foi pequena, mas com uma grande circulação de pessoas. Elas chegam, ficam um tempo e saem. Muitos pastores vieram fazer parte da Soul e passar uma temporada com a gente.

Vida da igreja e vida pessoal, tudo acabava ficando misturado. Por ocasião da nossa separação, muita gente não ficou nem com ela nem comigo. Preferiram ir para outros lugares, e algumas nunca mais foram a nenhuma igreja. Isso fez com que as lideranças se dividissem. Foi uma fase difícil demais para mim. Como líder, eu estava extremamente fragilizado, com a autoestima abatida demais: minha terceira tentativa de um casamento que se inviabilizava.

No final de 2019, pensei: *Vou viajar. Vou ficar uns três meses fora do Brasil. Vou deixar a liderança na Soul com alguém de confiança e dar uma refrescada na cabeça.* Chegou dezembro daquele ano, e eu estava fazendo uma obra em um lugar onde a igreja estava e não deu para viajar. Marquei, então, a viagem para março de 2020. Minha ideia ainda era ficar uns três meses fora do Brasil, mas a Soul seguia muito fragmentada. Estávamos fixos num lugar, e a realização de uma obra enorme consumia muito dinheiro, e parte do dinheiro foi um investimento particular meu.

Quando tudo ficou pronto, tive enfim tranquilidade para fazer a viagem que estava planejando desde julho do ano anterior. Foi quando começou a pandemia de covid-19. Para mim, no entanto, os entraves da pandemia foram além daquele pico terrível de 2020 e 2021, quando vimos milhões de pessoas morrendo. O caos já tinha começado em 2019, com a minha separação, com a terrível fragmentação da Soul, a obra interminável e a sensação de fracasso que envolvia tudo isso.

Esse tempo da pandemia foi um deserto profundo de solidão de questionamento de fé, de uma verdadeira crise de fé, mas o que sempre me fez continuar como pastor da Soul foram as pessoas. As pessoas que estão ali, as pessoas que me seguiram mesmo na dificuldade.

Não dava para simplesmente pensar na minha vida pessoal e não olhar para elas. Me manter forte foi uma atitude de ofício, uma vocação. Foi algo além dos meus sentimentos ou do meu momento. Eu acredito que:

> *"qualquer um que tenha consciência da própria vocação, em qualquer área que esteja, chega a hora em que o que o move, o que o leva a agir, é seu compromisso com seu propósito."*

As dificuldades de 2019 a 2022 passaram e, hoje, temos um espaço que a Soul ganhou com uma parceria linda. Estamos trabalhando em colaboração com a Igreja Batista Marapendi, que tem um espaço maravilhoso na Barra da Tijuca. Essa igreja nos acolheu, e a Soul segue na simplicidade.

A SOUL NA CIDADE DE DEUS

É interessante como as memórias são ativadas. Certa vez, entrando numa missão de ajuda na área da Cidade de Deus, onde busco, com a Soul, ajudar famílias e pessoas em situação de risco, fui pego por lembranças da minha própria história. Como aquele lugar e aquela realidade estavam conectados com a minha própria vida.

Ao entrar na Cidade de Deus ou no Morro da Coreia, ou em qualquer favela do Brasil, era (e é) comum a gente ver, em casas de madeira, de pau a pique, de taipa, pequenas janelas improvisadas, olhos vivos olhando tudo e todos que passam por aquele espaço de becos apertados. É a janela do mundo que muitas crianças veem todos os dias. Uma brechinha, entre uma ripa e outra da madeira, que protege do mundo lá fora aquele filho de Maria e de João ou Antônio, que protege aquele pequeno filho de Deus.

A presença desses olhos curiosos mostra a vida que fervilha na favela. Em espaços de luta e resistência onde, na maioria dos casos, são mães que criam os filhos sozinhas ou avós que saem, antes de o sol nascer, para ganhar uma mísera renda, o tanto que leva comida para todos em seu lar.

Essas crianças que se esgueiram pelas brechas de uma porta ou de uma janela trancada são o sinônimo da própria vida do favelado que se esgueira por brechas e espia com curiosidade o mundo de possibilidades nos becos e na vida. Na primeira oportunidade que têm, esses olhos curiosos correm para ver e experimentar o que existe de bom por aí: aquilo que por tanto tempo viveram e sonharam, apenas pelas brechas de suas janelas de taipa.

Eu me vejo em cada uma dessas crianças, e elas confirmam essa certeza, ao observar em cada missão que faço ali e que me levam diretamente para o Morro da Coreia, quando os olhos vivos e curiosos eram os meus.

MÚSICA SOCIAL

Uma outra memória importante que julgo ser relevante registrar é a das minhas composições com um cunho mais social que comecei a partir da minha chegada em Goiás, no final dos anos 1980.

Muito me chamou atenção, em minha primeira viagem de ônibus do Rio pra Goiás, a quantidade das águas dos rios que eu não conhecia e as extensões de terras. Como fui criado num ambiente quase totalmente ocupado, os morros com muitos barracos, ser impactado com a quantidade de terra ociosa gerou um fortíssimo questionamento sobre os aspectos agrários. Fiz uma música, na ocasião intitulada "Seu Joaquim":

> Terra de ninguém, tá cercada com arame
> Ali Seu Joaquim plantaria seus inhames
> Pois um rio passa logo ali, bem perto daquele chão...

Há também uma outra música que fiz por ocasião de um trabalho em que eu apoiava e ensinava música numa comunidade que cuidava de crianças abandonadas. Aquele lugar me enchia de vontade de ajudar aqueles pequenos. Era talvez um pouco daquele medo que eu tinha do juizado de menores que se transformou em luta por emancipação delas. A música chama-se "Artigo 5º", baseado no artigo 5º do Estatuto da Criança e Adolescente (ECA). O refrão da música é o próprio artigo:[31]

---

[31] BRASIL. **Lei n. 8.069, de 13 de julho de 1990**. Dispõe sobre o Estatuto da Criança e do Adolescente e dá outras providências. Brasília: Presidência da República, 1990. Disponível em: https://www.planalto.gov.br/ccivil_03/leis/l8069.htm. Acesso em: 8 mar. 2024.

***Art. 5º** Nenhuma criança ou adolescente será objeto de qualquer forma de negligência, discriminação, exploração, violência, crueldade e opressão, punido na forma da lei qualquer atentado, por ação ou omissão, aos seus direitos fundamentais.*

Estou construindo um projeto com esses temas sociais e que possivelmente lançarei em breve. A presença social da Soul é parte da missão que me dá muito orgulho. Entendo que a mensagem do Reino de Deus pregada e encarnada em Jesus de Nazaré contemplava os pobres e periféricos, os não assistidos e esquecidos por boa parte de líderes políticos e religiosos. Jesus escolheu uma geografia esquecida para anunciar a chegada do seu reino. É como se vê em Mateus 4:13-16:

> E, deixando Nazaré, foi habitar em Cafarnaum, cidade marítima, nos confins de Zabulom e Naftali, para que se cumprisse o que foi dito pelo profeta Isaías, que diz: A terra de Zabulom e a terra de Naftali, junto ao caminho do mar, além do Jordão, a Galileia das nações, o povo que estava sentado em trevas viu uma grande luz; e aos que estavam assentado na região e sombra da morte a luz raiou.

DEUS CUIDA DE MIM E DO CAETANO VELOSO: A MINHA CARREIRA ALÇANDO NOVOS VOOS

Em meados outubro de 2022, recebi uma ligação da Paula Lavigne, empresária e produtora musical, me convidando para um jantar em sua casa, me dizendo que ela e o Caetano Veloso tomaram conhecimento do meu trabalho musical e minha visão de mundo enquanto pastor de relevância no cenário nacional e que queriam muito me conhecer. Eu aceitei e, depois de conciliarmos nossas agendas, marcamos o encontro.

Logo que desliguei o celular, tomei bastante fôlego, me sentei pra me acalmar e pensei comigo: *O Caetano Veloso quer jantar comigo! Que emoção!* Passei a vida toda ouvindo o Caetano, assistindo a entrevistas, shows, notícias, acompanhando todas as mudanças de sua carreira e as mudanças que sua música sempre disruptiva provocava e provoca no cenário nacional e internacional. A maneira como suas composições estão diretamente conectadas com cada momento histórico e seu diálogo com quase tudo nos inspira profundamente. Caetano, sem dúvidas, é o maior e o melhor símbolo da nossa arte e brasilidade. E ele queria me ver!

Cheguei no horário marcado, às 20h. Imaginei que não levaria mais do que uma hora e meia entre jantar e conversa. Em resposta à gentileza, levei uma boa garrafa do vinho Amarone della Valpolicella. Depois de ser tão bem recebido e me deleitado num jantar delicioso, nos acomodamos. Sem cerimônia e de maneira bem objetiva, a Paula inicia nossa conversa e proposta.

O encontro girou em torno de uma pauta política. Pensamos em como poderíamos nos unir num momento cujo posicionamento pela cultura era urgente. Criamos estratégias, fizemos contato com outros artistas e nossas conversas e ideias estavam rendendo. Também estavam presentes alguns amigos nesse momento: Ad Júnior e Chico Regueira. De repente pastor Henrique Vieira, Tony Garrido, Luísa Sonza e Xande de Pilares chegaram também.

Outros artistas e amigos, políticos, jornalistas e pessoas de outras áreas foram chegando, o tempo foi passando, quando olhei no relógio, eram quase três da madrugada, e o assunto já havia mudado para muitas outras direções e se tornado cada vez mais interessante.

Eu estava preocupado, achando que já tinha extrapolado meu tempo, e disse que estava tarde e que precisava ir pra casa. O Caetano me olhou e respondeu: "Por que você quer ir pra casa tão cedo?". A Paula foi mais incisiva e disse: "Que nada, pastor, vamos para o estúdio!". Nesse momento, chegaram o Pretinho da Serrinha e o Lucas Nunes.

Gravamos um projeto que teve a participação de vários colegas, e aquilo foi muito especial e oportuno. A paródia da música do Tim Maia, cantada por muitos artistas incríveis tendo a Sandra de Sá, Luísa Sonza e eu nos destaques: "Vou pedir pra você votar". Todos estávamos ali decididos a marcar nosso posicionamento tão necessário e importante na história! Eram dias desafiadores.

Enquanto eu gravava minha voz no aquário do estúdio, o Caetano e a Paula ficaram assistindo e expressando alegria e muita admiração ao me verem cantando. Imagine o meu sentimento de estar numa parte do estúdio gravando e, na parte técnica, Caetano com um sorrisão curtindo. Minha felicidade era imensa.

Nesse momento, o Ad Júnior, sempre generoso comigo, apresentou os números do meu trabalho nas redes e plataformas dos streamings e YouTube, falando dos meus sucessos de carreira, as principais músicas e prêmios e alcance do meu trabalho, não apenas dentro do universo evangélico nacional, mas também pra fora. Ad sempre foi e é essa pessoa que me impulsiona em todos os lugares.

Quando terminei de gravar, nos sentamos no sofá, e o Chico Regueira sussurrou no meu ouvido assim: "Imagina Kleber Lucas e Caetano cantando sua música 'Deus cuida de mim'?". A Paula, sempre atenta, percebeu a conversa e perguntou: "Qual música? Canta, pastor!", e puxou um dos violões do Caetano. Para a minha surpresa, ele logo pegou um outro violão e começou me acompanhar. Naquele momento, surgiu a ideia de gravarmos juntos. Eu disse que me sentiria muito honrado em ter o Caetano cantando comigo, e ele aceitou de imediato. A Paula, na hora, abraçou a ideia dizendo: "Vamos gravar!". Saí da casa deles com uma agenda de gravação e lançamento. Eu estava muito feliz por tudo aquilo e percebi que, da parte deles, o clima também era de grande alegria.

Me lembro de ter chegado lá em casa por volta das 7h da manhã sob o impacto daquele momento histórico. Uma cena de que nunca mais vou me esquecer!

MILTON BITUCA NASCIMENTO

A título de memória, vale a pena deixar também um importante registro: um rápido encontro que tive com o Bituca pouco tempo depois que comecei a fazer sucesso.

Eu ia fazer um show numa casa na Barra da Tijuca, no começo dos anos 2005. Eu não me lembro bem o nome do lugar, sei que fica no Shopping Via Parque. Essa casa já teve vários nomes, e hoje se chama QualiStage.

Por volta das 19h30, antes do evento, recebi uma ligação de um amigo, o Carlos Lauleta. Ele era também amigo e personal trainer do Bituca. Ele me disse: "O Bituca quer assistir ao seu show". Fiquei muito emocionado e nervoso, claro. O Anjo anunciou que queria me assistir!!!

Foi uma experiência incrível, e após o evento fomos jantar! Eu estava realmente em transe. No final, ele me perguntou se eu queria ouvir o seu novo trabalho que estava sendo mixado, e é claro que aceitei. No outro dia, fui ao estúdio Toca do Bandido, que era do Tom Capone, um grande produtor que sempre sonhei conhecer.

Estávamos o Milton Nascimento, o Tom Capone e eu sentados ouvindo em primeira mão o álbum *Pietá*.[32] Foi um momento muito lindo e inesquecível para mim. Ao ouvir a música "Tristesse",[33] não consegui mais conter às lágrimas. Até hoje é o álbum do Milton que mais ouço e, talvez, esse álbum e o *Possibilities*[34] do Hancock sejam os que mais ouço (além, é claro, do *Kind of Blue*,[35] do Miles).

---

[32] PIETÁ. Milton Nascimento. Rio de Janeiro: Warner Music, 2003.

[33] TRISTESSE. Intérprete: Milton Nascimento. PIETÁ. Rio de Janeiro: Warner Music, 2003.

[34] POSSIBILITIES. Herbie Hancock. EUA: Vector, 2005.

[35] KIND of blue. Miles Davis. Nova York: Columbia, 1959.

DEUS CUIDA DE MIM COM CAETANO VELOSO E KL

Lançamos a música "Deus cuida de mim" num domingo, dia 4 de dezembro de 2022, no programa *Fantástico*, na Rede Globo. Foi um grande sucesso. Todas as mídias sociais comentando todos os dias e, às vezes, por diversos momentos do dia. Fizemos uma campanha de lançamento que eu, particularmente, nunca havia experimentado antes em minha carreira. Dezenas e mais dezenas de matérias em todas as redes.

Meu posicionamento contrário à escolha da maioria da igreja evangélica brasileira estava provocando um grande cisma. Evidentemente, eu não estava sozinho, mas é fato que minha figura pública com quase trinta anos de relevância nacional estava chamando muita atenção da sociedade como um todo. Através de todos os meios de comunicação e, em especial, do atual fenômeno desse tempo, a grande mídia desenfreada que se utiliza de meios de comunicação, sem nenhum filtro, sem nenhuma ética, nenhum caráter, em que raivosos expressam todo o seu ódio, preconceitos, racismo, intolerância religiosa, fundamentalismo religioso para atacarem, sem piedade, em nome de Deus, qualquer um que não aceite suas regras e, de maneira mais perversa, àqueles que essa ala da igreja julga traidor. Eu me tornei um exemplo público contemporâneo desse julgamento e linchamento inquisitorial.

O fato de eu não recuar do meu posicionamento gerou uma onda muito grande de hostilidade, mas chamou a atenção de muita gente sensata e que também estava lutando pela democracia e pelo Estado Democrático de Direito. De maneira que todos os dias saíam dezenas de notícias envolvendo meu nome. A diferença era que eu não me sentia mais sozinho. Fui descobrindo uma rede gigante de pessoas solidárias me dizendo: "você não está sozinho". Diante dos linchamentos públicos que venho sofrendo, percebo um número muito maior de gente me fortalecendo.

O PASSADO NO PRESENTE

De alguma maneira, percebi que os sofrimentos desse tempo presente que tenho enfrentado tiveram seus prenúncios em 1996, quando os gritos raivosos daquele velho pastor vociferavam contra mim e meu caminho. O desconforto de ter alguém, aparentemente tão frágil, que ousou enxergar para além do seu pequeno projeto de poder, pois, se dependesse dele, minha história teria sido arrancada com raiz e tudo antes mesmo de dar frutos. Mas não dependeu dele.

Tal como Balaão, do texto bíblico, que recebeu uma encomenda para amaldiçoar os filhos de Deus que seguia seu caminho pelo deserto,[36] os agouros daquele homem não surtiram efeito. As palavras daquele pastor estavam impregnadas de ódio, cheias de cobiça e desejo de manter o controle do meu destino.

E mais, as palavras daquele pastor refletiam o racismo com que, em muitos momentos de minha vida, me deparei. Desde aquela maldição, que se transformou em uma profecia de bênção e de vida, eu me tornei um dos maiores cantores e um dos maiores autores de músicas gospel do Brasil, reconhecido e premiado mundialmente, cantando em cada canto deste país, viajando para os quatro cantos do mundo, cantando as palavras de Deus, e mais, as palavras da minha própria experiência com Deus. Segui, sobretudo, cantando o amor.

Minhas músicas ainda são cantadas em todas as igrejas cristãs do Brasil: católicas, as Evangélicas Históricas, pentecostais e neopentecostais, e agradeço muito a Deus por tanto.

---

[36] Números 22-24.

DEUS TINHA OUTROS PLANOS

Como já contei aqui, em 1998 decidi ir morar em Brasília e abraçar a música como o meu ofício. Fui com medo, mas fui. Como em inúmeras vezes em que decidi tomar decisões importantes, o medo sempre esteve presente e, mesmo com medo, eu saltava, e ainda salto. Encarei o que a vida estava me oferecendo.

Vivemos algumas dificuldades naqueles anos, pois, apesar da certeza de que as coisas dariam certo e da fé de que estava protegido, muito deu errado, houve muita solidão, muita angústia, muita falta de dinheiro. E se eu estivesse mesmo amaldiçoado?

Hoje, anos depois, muito aconteceu desde então e, ao encarar muitas outras pragas de gente que dizia e diz ser de Deus, entendi que cada vez que alguém me roga uma maldição, minha vida dá uma guinada positiva. É até engraçado pensar nisso, mas é a verdade.

Nos últimos anos, meu nome esteve em evidência no meio gospel, que há tempos me conhece e admira minha música. Mas a evidência que ressaltam está mais em meus posicionamentos político-sociais e menos na minha música. Músicas que, por fim, se tornaram rejeitadas, como o meu nome em muitas congregações, muito embora continuem cantando músicas minhas, mesmo na voz de outros cantores.

A questão é que minha existência, por si só, incomoda nesses locais de ódio que se tornou o evangelicalismo em muitos lugares no Brasil e em certos ambientes, como o fato de eu cantar músicas "do mundo" (qualquer música que não seja evangélica) no altar da igreja em que sou pastor. Além disso, o fato de fazer um ato de amor e caridade para irmãos vilipendiados em sua fé, como minha ida em 2017 no Kwe Ceja Gbé de mãe Conceição de Lissá, e também os meus relacionamentos. A verdade é que a minha existência incomoda muita gente. Estou na contramão de boa parte dos cristianismos no Brasil.

Não sou o único que crê e prega o cristianismo do amor e da graça de Deus; alguns companheiros, inclusive, estão nessa luta pela democracia e pelo amor de Deus há mais tempo. Porém, com o poder da minha música, eu me tornei alguém de destaque e, com isso, minhas ideias disruptivas também alcançam lugares que incomodam mais. O ódio, no entanto, tem alto-falantes, enquanto para o amor, usam abafadores.

Historicamente, a verdade é que o sucesso dos cristianismos na Europa, seja o cristianismo do recorte católico, sejam as multiplicidades de cristianismos protestantes advindos a partir de Lutero, se dá, sobretudo, pelas ideias de colonialidade. Os avanços da Europa, suas riquezas e, nesse sentido, a sua civilização se dá pela exploração do continente africano, visto como amaldiçoado. A gente não pode se calar diante do fato de que as Américas nascem com a chancela das igrejas para a exploração do Novo Mundo e do continente africano, com a liberação para explorar a mão de obra humana.

Não dá pra se calar diante do fato de que estes missionários – jesuítas, calvinistas, luteranos, batistas – tinham uma Bíblia na mão direita, e na esquerda carregavam um chicote, prontos para usar a força sempre que necessário fosse. Essa é a grande realidade que é difícil de ser lida nesse universo cristão.

Eu, como pastor batista, não me calo diante dessa realidade de que o cristianismo foi responsável por explorar povos e territórios ancestrais, sob a premissa de inferioridade, ausência de alma e humanidade, pois, em contraponto, as bênçãos estariam nos homens do continente europeu. As igrejas abençoaram a dominação do continente africano e a exploração do Novo Mundo.

Os primeiros cristãos protestantes que chegaram ao Brasil, em 1866, vieram do sul agrário dos Estados Unidos. Chegaram aqui após a derrota na Guerra Civil, quando viram seu projeto de escravização ser superado pela democracia. Eles não vieram ao Brasil para pregar o Evangelho apenas. Vieram, também, imbuídos da intenção de reproduzir um modelo de sociedade em um lugar onde ainda aceitava a escravidão. O Brasil era celeiro de ideias de um evangelho escravocrata, de uma teologia dominadora e patriarcal.

Já na República, o laicismo do estado democrático aparece como instância de poder aos líderes das igrejas protestantes que chegavam em solo brasileiro. O Brasil estava sendo "libertado" do domínio católico, e era visto como um campo próspero aos que chegavam – esses missionários acreditavam ser apenas questão de tempo para o país ser deles. Por essas e outras que, quando eu vejo frases como: "O Brasil é do Senhor Jesus", entendo que isso não faz parte de uma história atual apenas, está ligado a um debate sobre colonialidade, poder e racialidade.

A partir do século V e VI, com Isidoro de Sevilha, o cristianismo se tornou uma coisa tão europeia que quase foi deslocado totalmente do espaço físico do Egito (África) e do Oriente Médio para a Europa. A existência de um Deus Trino reflete a concepção de uma experiência negra africana, mas é fácil se apropriar desses lugares e desses espaços em um movimento de roubo identitário.

Claro que nenhum movimento é feito sem uma reação, nada disso que afirmo aqui passou ou passa inerte aos olhos da sociedade. Como em um xadrez, cada movimento de uma peça interfere no movimento de outra, se estabelece no sentido de avançar ou proteger seus próprios interesses.

Nos Estados Unidos, era comum, por exemplo, que os missionários chegassem aos homens e mulheres escravizados e lhes ensinassem os hinos da maneira ortodoxa, "correta", doutrinada. Essas pessoas aprendiam, reproduziam ali para os missionários; quando estes viravam as costas, negros e negras faziam releituras dos hinos à sua maneira, enquadrando em suas experiências. Isso é movimento dialético, isso é o que se dá diante da opressão e da violência – resistência.

Eu, por exemplo, fui crucificado por religiosos evangélicos quando descobriram que defendo a tese de que o hino "Alvo mais que a neve"[37] tem uma ênfase racista. O que não entendem é que a memória de pertencimento do hino, a memória cúltica de sua existência, a relação com a passagem bíblica dos Salmos e a sensação de débito que marca a experiência de homens e mulheres negras a esse hino, escondem ou permitem que esteja subentendido o sentido racial com o qual o Hinário Batista foi criado.

Não é uma questão de que eu esqueci que a inspiração do Hino Batista é Salmo 51:7, mas é lembrar que a escravidão e toda a consequente subjugação das pessoas pretas no Ocidente foi também apoiada em Génesis 9:22 – na maldição de Cam –, não uma

---

[37] WRIGHT, M. Alvo mais que a neve, n. 39. *In*: **Harpa Cristã**. Disponível em: https://www.harpacrista.org. Acesso em: 8 mar. 2024.

maldição de Deus, mas uma maldição impetrada por homens europeus ao continente africano.

A Bíblia não é interpretada para dar voz a terríveis discursos apenas nesses tempos de "novos Messias", mas há séculos é respaldo para genocídios, ódio, escravidão. Tudo isso em nome de Deus? Não! Em nome do poder!

> Não aceite que a sua fé e a sua igreja o transformem em alvo de preconceito e injustiça. Se algo assim acontecer, não se cale, não tenha medo de defender a sua verdade, a sua história e a sua pele.

Parte de cultura evangélica

Hoje, existe uma movimentação muito expressiva que mostra objetivamente essa parte da Cultura Evangélica, mas, na verdade, nunca foi interesse de muitos evangélicos que isso aparecesse para a sociedade em geral.

Os movimentos sociais dos Estados Unidos datam da década de 1960, movimentos negros que tinham sua própria música negra. Quando falo no movimento negro, me refiro, também, ao movimento que nasce nas igrejas, que dialoga diretamente com as igrejas negras, com a Soul Music, por isso também está ligado à música.

São músicos que aprendem dentro das igrejas, saem às ruas na luta por liberdade racial, por direitos iguais. Tem a Nina Simone, a Mahalia Jackson, a Whitney Houston, cantoras do Blues, da Soul Music, e que saíram da igreja para o mundo todo. São tantos os nomes que estão presentes na vida popular americana, na música. É uma igreja negra, nos Estados Unidos, profundamente presente nos desafios sociais do povo negro.

No final do século XIX, essas igrejas dialogavam com Frederick Douglas, que realizou a movimentação da Guerra da Secessão, falando, lá do Norte, contra a opressão que sofriam no Sul.[38] Na história deste país é possível encontrar figuras históricas pretas, e muitas que nascem dentro de igrejas nas quais não se pode distinguir as vozes da religião das vozes da questão política. A importância da presença das igrejas pretas não era, nem é, apenas no sentido da espiritualidade dessas mulheres e desses homens pretos, mas da ressocialização e promoção da cultura, da promoção da arte, da promoção do letramento, da promoção social dos avanços políticos das disputas.

---

[38] BLIGHT, D. W. **Frederick Douglass, Prophet of Freedom**. Nova York: Simon & Schuster, 2018.

Essas e outras expressões religiosas e políticas, essa outra forma de cristianismo, esses cantores, essas músicas tão libertadoras não chegaram ao Brasil junto com os primeiros missionários americanos. Nosso país ficou blindado dessa ação, a princípio, porque ela era extremamente disruptiva e revolucionária, ia contra a doutrina pacificadora do cristianismo da conversão, em que a pessoa se transforma numa nova criatura, e essa nova criatura é humilde, é submissa, subserviente.

Embora, obviamente encontremos resistência em todo tempo, o que é perceptível em movimentos que nunca são totalmente hegemônicos, havia alguns pastores e movimentos ativos, já a partir da virada do século XIX. E, em meados do século XX, eles vão ganhando mais presença social dentro do movimento evangélico. Pastores pretos, pastoras pretas, missionários, diante da posse de uma nova literatura, de uma teologia preta do James Cone, chegaram ao Brasil trazendo novas formas de vivenciar o cristianismo. Homens e mulheres da história falando como entrar no universo negro, cujo movimento precisa ser historicamente marcado.[39]

---

[39] SANTANA, L. **Fronteiras e limites dos princípios batistas das liberdades:** a inclusão de homossexuais na Igreja Batista do Pinheiro. 2023. 145 f. Dissertação (Mestrado) - Curso de Cultura e Sociedade, Instituto de Humanidades, Artes e Ciências, Universidade Federal da Bahia, Salvador, 2023.

Foi no governo social do Brasil que essas vozes ganharam espaço. Não foi dentro do golpe militar nem da ditadura, quando a igreja andava de mãos dadas com o militarismo, mas em tempos de democracia. Foi especialmente a partir da política democrática, não só de 1988, sobretudo nos governos de movimento social, que foram abrindo caminhos, espaços e possibilidade para se pensar na presença negra e nas chamadas minorias de direito.

E surgem questionamentos quanto a igrejas que têm presenças relevantes, questionamentos que confrontam a própria religião, uma religião que é marcadamente branca: como é que elas têm um contingente negro altamente expressivo, mas que não tem nenhuma voz?

E, quando se começa a fazer perguntas e questionar estruturas, as pessoas começam a ser retaliadas. Acredito que nos últimos dez anos a atitude se tornou muito mais veemente. A presença negra dos movimentos chamados progressistas tem sido muito mais forte, no sentido de que nós vamos ser pretos em qualquer lugar que estivermos, inclusive dentro de uma igreja marcadamente branca.

O que eu vejo hoje é que há um movimento, e minha voz é uma voz muito potente na construção dessa parte da cultura Evangélica no Brasil, e isso para além da estrutura das igrejas, é para a Igreja no Mundo.

O BRASIL DOS BRASILEIROS

Este é um outro assunto que levanto e que gera ainda mais discussões envolvendo o meu nome dentro de boa parte do universo evangélico do Brasil, quando questiono a frase "O Brasil é do Senhor Jesus".

Já participei de dezenas da chamada Marcha para Jesus no Brasil, por mais de vinte anos. É o evento que mais consegue unir evangélicos das mais variadas denominações no país. A Marcha foi criada em Londres, em 1987, pelo pastor Roger Forster, da Ichthus Christian Fellowship, pelo cantor e compositor Graham Kendrick, por Gerald Coates, do movimento Pioneer, e Lynn Green, do Youth with a Mission. No Brasil, ela chegou em 1993, trazida pelo apóstolo Estevam Hernandes, fundador da Igreja Renascer em Cristo.[40] Vale a pena lembrar, a título de registro histórico, que foi no governo do presidente Luiz Inácio Lula da Silva que a Marcha para Jesus no Brasil ganhou legitimidade e passou a fazer parte do

---

[40] FONSECA, J. Quem criou a Marcha para Jesus? **Ida Gospel**, 3 dez. 2022. Disponível em: https://idagospel.com/artigos/quem-criou-a-marcha-para-jesus/. Acesso em: 11 mar. 2024.

calendário oficial, quando a Lei Federal 12.025 foi sancionada por ele. Importante apontamento.[41]

Além, geralmente, do movimento dos conselhos de pastores de cada região, representando suas igrejas e denominações, mais o apoio das igrejas, a Marcha conta também com as próprias lideranças de cada denominação, que, inclusive, além de serem as articuladoras e organizadoras, se alternam entre os cantores convidados, fazendo sermões e orações nos palcos.

Somado a todas as mídias evangélicas disponíveis, acolhendo a parceria do evento e contando com a presença dos cantores e bandas gospel de renomes nacional e, em alguns casos, internacionais, a Marcha para Jesus se tornou, no Brasil, uma grande vitrine e representação da força do movimento e da presença evangélica.

Ela também é palco de lançamento de produtos de grande interesse do mercado gospel. É comum ser lançada uma música nova na Marcha com gravação de imagens do grande público. O merchandising também se estende à venda de roupas, bijuterias, negócios mais variados, tendo em vista uma massa

---

41 BRASIL. **Lei n. 12.025, de 3 de setembro de 2009.** Institui o Dia da Marcha para Jesus. Brasília: Presidência da República, 2009. Disponível em: https://www.planalto.gov.br/ccivil_03/_ato2007-2010/2009/lei/l12025.htm. Acesso em: 11 mar. 2024.

incomensurável consumidora de tudo o que qualquer seguimento social opera.

A grande maioria dos políticos do seguimento evangélico é de apoiadores desse evento. Em muitas cidades, a Marcha faz parte do calendário de eventos. Em época de eleição, são elas a principal estratégia em que igrejas protestantes de variadas matizes articulam seus interesses pelos candidatos. A Marcha é, de certa forma, o maior palanque político que projeta os nomes do interesse da igreja e ocultam os candidatos.

Todo esse aparato que vem por trás do slogan "O Brasil é do Senhor Jesus" fez dela um produto e um projeto. O projeto de um Brasil "terrivelmente evangélico". Quando isso deixa de ser uma pura e simples expressão de fé e passa a ser um projeto de empoderamento, fere diretamente o espaço democrático de direito de um Brasil que é laico, diverso em suas expressões culturais, diverso em suas expressões religiosas, é plural e livre para ser religioso ou não. Ser cristão ou não ser cristão, sem nenhum constrangimento a sofrer por participar de suas instituições públicas, desobrigado de reverência a um tipo de fé que se apodera do Estado e se propõe a regê-lo pelo viés do seus ritos litúrgicos, bem como costumes segundo a regra de fé e prática de um seguimento. Nesse caso, registro minha defesa de que o Brasil, mais do que do Senhor Jesus, é dos brasileiros, e essa minha fala incomoda, eu sei!

> Nem sempre as nossas escolhas nos manterão em lugares confortáveis e inquestionáveis, mas, se estiverem alinhadas com as nossas crenças e valores, nos permitirão seguir em frente com fé e alegria.

Mudanças

A ideia de que nossa vida está sempre num movimento espiral faz total sentido a partir do momento em que nos vemos, eventualmente, passando por experiências análogas às já vividas, só que por meio de uma perspectiva diferente.

Noites sombrias podem nos mostrar também a beleza das criaturas noturnas. Vejo o quanto algumas angústias vividas foram, para mim (e para tantos), oportunidades singulares de descobertas de mudanças estruturais absolutamente incríveis dentro e através de nós. Obviamente que isso não é uma ode ao caos, senão uma certeza de que também somos feitos dele. O movimento sempre esteve aí, mesmo quando eu não entendo nada sobre ele, como diz a música, "Pra valer a pena".[42]

---

[42] PRA valer a pena. Intérprete: Kleber Lucas. *In*: PRA valer a pena. Rio de Janeiro: MK Music, 2003.

Amanheceu, que bom que a noite passou, passou

Viver é a melhor coisa do mundo

Eu abro a janela do meu quarto

E vejo o brilho do sol

A minha vontade de viver

É bem maior do que sonhar

Mesmo porque fez tanto frio ontem à noite

Amanheceu, tenho de volta a esperança

Eu não sei o que dizem os astros

Nem as cartas do tarô

Mas eu sei que Deus me deu a vida

Pra valer a pena

Eu não sei o que dizem os homens

Nem os seus planos sobre mim

Mas eu sei que Deus me deu a vida

Pra valer a pena

Pra valer

Pra valer a pena, oooooh

Pra valer a pena

Mesmo porque fez tanto frio ontem à noite

Amanheceu, tenho de volta a esperança

Eu não sei o que dizem os astros

Nem as cartas do tarô

Mas eu sei que Deus me deu a vida

Pra valer a pena

Eu não sei o que dizem os homens

Nem os seus planos sobre mim

Mas eu sei que Deus me deu a vida

> Pra valer a pena
> Pra valer
> Pra valer a pena, oooooh
> Pra valer a pena
> Pra valer a pena, oooooh
> Pra valer a pena, eu sei que vai valer
> Pra valer a pena, oooooh

De toda forma, em um movimento que eu só posso acreditar que rege forças incompreensíveis no tabuleiro gigante que é a vida, me encontro hoje neste lugar: um pastor negro e disruptivo, cantor de músicas gospel com um dos maiores números de produções em seu histórico de carreira. Um menino que tinha tudo para dar errado, na visão daqueles que tentaram mudar minha forma de ser, saído da favela, nascido e criado nos terreiros de macumba, que transitou por muitos lugares, viveu e aprendeu um pouco em cada lugar que passou.

Em 2017, depois do evento no terreiro de Candomblé, depois do qual me tornei alvo de manifestações racistas na internet e virei assunto nas páginas de jornais e revistas em todo o país, fui acolhido por duas comunidades interessantes: os acadêmicos, sobretudo historiadores que se posicionaram em minha defesa, e religiosos de matrizes africanas, candomblecistas e umbandistas, que entenderam o meu posicionamento inicial em defesa de um diálogo inter-religioso e saíram em minha defesa contra esse forte vento de intolerância e fundamentalismo religioso no Brasil.

Assim, em um novo movimento interessante no tabuleiro de Deus, fui apresentado, pelo babalawo Ivanir dos Santos ao professor doutor André Chevitarese, nome muito conhecido entre teólogos e historiadores no Brasil e no mundo, por ser o maior estudioso brasileiro sobre o tema do Jesus Histórico. Chevitarese me acolheu de forma inesperada, me ofereceu uma mentoria especializada para entrar para o mestrado. Ele queria meus saberes e minha experiência na academia.

A vida fazia seus próprios movimentos. Chevitarese conhecia uma das minhas músicas e a havia usado em seus estudos ainda na década de 1980. Eram coincidências demais para desconsiderarmos. Por um ano e seis meses nos encontramos regularmente, e ele me auxiliou com leituras e debates para que eu escrevesse um projeto, que foi aprovado na seleção do Programa de Pesquisa em História Comparada.

Em 2019, no meio da crise que já narrei, eu estava entrando para o mestrado. Agora sou mestre em História Comparada e doutorando no mesmo programa. Hoje, além do meu lugar como, sem falsas humildades, um dos cantores gospel mais conhecidos pelas classes populares no Brasil, eu falo de mais alguns lugares: homem negro, periférico e mestre em História.

Para mim, esses títulos serviram para muitas coisas importantes no processo de trazer uma linguagem antirracista para o ambiente dos cristianismos brasileiros, e penso em quantas pessoas me param nas ruas para me dizer: "Por favor, não pare. Você tem voz e espaço para lutar por nós, evangélicos, que acreditam no amor de Jesus".

Eu, na verdade, sigo por cada uma dessas pessoas, é na fé de que *Deus cuida de mim* e de que Ele não falhou, nem falhará.

Em 2022, mais uma peça no tabuleiro. Depois de ser convidado, participei da campanha para presidência ao lado do presidente Luiz Inácio Lula da Silva. Em clara oposição ao governo derrotado, me posicionei não apenas por ser necessário, mas por ser fundamental que isso fosse feito. O presidente Lula saiu vencedor, e essa eleição marcou sua posição no espaço da própria cristandade.

No tabuleiro, as peças ainda estão sendo mexidas, mas sei que devo seguir, por mim, por quem represento e porque sei: *Deus cuida de mim*.

Que você permita que, no tabuleiro da sua vida, as peças sejam como devem ser – para o bem e para o mal –, e que nunca deixe de acreditar que Deus cuida de você e está sempre ao seu lado. Nunca duvide da sua fé.

CONCLUSÃO

O ano de 2023 foi surpreendente do ponto de vista de um tipo de (re)nascimento. A música "Deus cuida de mim" fez parte da novela *Vai na fé* da Rede Globo, o que expandiu ainda mais a minha popularidade e me deixou extremamente feliz. Como se não bastasse, a regravação que fiz dela com o Caetano Veloso ganhou o Prêmio Multishow 2023.

Saiba que Deus cuida de nós ao longo no caminho, nas vezes em que menos certezas temos; nas vezes em que a estrada é cheia de curvas estreitas, cheia de abismos; nas vezes em que, "mesmo quando tudo não vai bem", Deus está cuidando, mesmo quando estamos questionando esse cuidado.

Ele está olhando por nós, nos dando acolhida mesmo quando ela falta em muitos espaços que deveriam ser de acolhimento; Ele nos dá força para enfrentar o ódio desenfreado que vemos no nosso meio; Ele nos dá as armas para lutarmos contra preconceitos e exclusão nesses espaços. E o mais importante: Ele nos dá pessoas para seguirem ao nosso lado nessa luta.

"Eu preciso aprender um pouco aqui, eu preciso aprender um pouco ali...".

> **Lutas sempre virão, e Deus enviará o apoio que você precisará para passar por esses momentos, pois, afinal, já sabemos que Ele não dá um fardo maior do que o que podemos carregar. E jamais se esqueça: todas as coisas cooperam para o bem daqueles que amam a Deus.**[43]

---

[43] Romanos 8:28a.

**Acreditamos
nos livros**

Este livro foi composto em Chaparral Pro
e impresso pela Gráfica Santa Marta para a
Editora Planeta do Brasil em maio de 2024.